Filomena Lopez

Il mio nome è Valentina

Youcanprint *Self-Publishing*

Titolo | Il mio nome è Valentina
Autore | Filomena Lopez
ISBN | 978-88-27866-07-8

Youcanprint Self-Publishing
Via Marco Biagi 6 - 73100 Lecce
www.youcanprint.it
info@youcanprint.it

*Per Valentina e per le altre donne di tutto il mondo
che hanno vissuto ed ora non ci sono più.
Per quelle che lottano tutti i giorni.
Urlate. Bussate. Chiedete.
Il percorso è lungo e difficile.
Ma insieme ce la possiamo fare.
FORZA!*

INDICE

Introduzione

Il mio nome è Valentina. Se poteste, se voleste leggere nei miei occhi; sfiorare il mio viso; attraversare con la mente il mio corpo, riconoscereste segni: i segni del dolore. Sono gli stessi segni che riconoscereste nella mente e sul corpo di ogni donna che ha vissuto un'esperienza di violenza. Quella violenza che ti uccide dentro e ti segna fuori.

Sono una di quelle donne che ha creduto nel suo uomo, che ha creduto nel suo amore. Sono una di quelle donne che non pensava che l'uomo che avevo accanto, che diceva di amarmi, con cui ho avuto dei figli e con il quale ho progettato la nostra vita, un giorno mi avrebbe mostrato il suo lato più oscuro: il lato peggiore di se '.

Ti senti travolta, sradicata, sconvolta. Questa alluvione nell'anima potrebbe lasciarti "solo" delle cicatrici, che con una buona terapia potresti anche superare. Ma potresti anche morirne.

Quel giorno, mio marito, mi ha cosparsa di cherosene e mi ha dato fuoco. E' cronaca. Il primo febbraio 2016 l'ex compagno tenta di ucciderla per motivi di gelosia. Rischia la vita ed è costretta a partorire una bimba alla 34 settimana. Subisce vari interventi chirurgici.

Ero una ragazza araba fidanzata con un italiano. Mi hanno costretta ad uscire di notte in giardino. Mi hanno tagliato la gola. La mia faccia era rivolta alla Mecca.

Il racconto di storie di femminicidio fa parte della cronaca quotidiana. In questi ultimi anni si è mostrata più sensibilità verso questo tema. Oggi 25 novembre data di inizio ufficiale degli Orange Day (istituti delle nazioni unite contro il femminicidio), United colors of Benetton lancia la sua nuova campagna istituzionale. End Violence

Against Women now realizzata da fabbrica in collaborazione con un Women (l'agenzia delle nazioni unite per promuovere l'uguaglianza tra i sessi e l'emancipazione femminile), per sensibilizzare contro la violenza sulle donne.

Il senso profondo ed intrinseco di tale campagna è racchiuso nelle parole dell'artista cubano …
"Un atto di violenza diventa un atto d'amore, celebrazione della donna come centro dell'universo", ha detto all'ANSA l'artista cubano: "In questo mi sono ispirato ai grandi del Rinascimento, ho pensato a Leonardo".
La campagna è focalizzata sui maschi. E' da loro, di fatto, che deve partire il cambiamento. Le statistiche sono agghiaccianti.
Una donna su tre ha subito violenze fisiche o sessuali. Nella maggioranza dei casi gli autori del crimine sono stati o un partner o un familiare.

"Questa violenza può essere fermata. Ma non possiamo farlo da soli. Ci servono alleati per creare la consapevolezza e per promuovere una cultura di " **tolleranza zero"** . Benetton è uno di questi partner, ha detto la direttrice di **Women Phumzile Mlambo _ Ngcuka.**
Lo slogan del segretario generale della Cgil Susanna Camusso invita tutte le donne a scendere nelle piazze italiane sabato 30 settembre per la manifestazione organizzata dalla Confederazione contro la violenza sulle donne, la depenalizzazione dello stalking, la narrativa con cui stupri e omicidi diventano un processo alle vittime.

Anche il mondo della musica si muove in difesa e in memoria delle donne vittime di violenza. **Amiche in**

Arena "Il concerto di Verona contro la violenza sulle donne in 12 mila a Verona per dare voce alle donne alla lotta contro il femminicidio.

Capitolo I

1.1 La storia di Valentina

Valentina è nata in Europa. E' nata ai primi del Novecento. Ma potrebbe essere nata in qualsiasi parte del mondo. Potrebbe appartenere a qualsiasi nazionalità. Perché Valentina rappresenta il dolore delle donne di tutto il mondo.

Ci sono storie che hanno un lieto fine. E ce ne sono altre ancora in evoluzione, per le quali un lieto fine è solo una speranza, un battito di cuore, una lacrima di dolore asciugata dal vento del coraggio. E' forse facile raccontare? Non lo è. Da dove cominciare? Inizierò dal giorno del cambiamento: dal giorno in cui senti che qualcosa dentro di te sta cambiando; ti sta cambiando. Ti accorgi che ormai, tu, non sei più la stessa. La vita entra in scena. La percezione che hai di te, del tuo corpo, del tuo tempo, del tuo spazio, muta. Le proiezioni vitali ed anelanti della tua mente ti inducono ad intessere fili di pensieri, di relazioni delle quali difficilmente conosci la direzione. Ma tu le segui: fiduciosa, appassionata, affamata di speranza.

Non porti più le trecce, non leggi più le favole. Decidi di non giocare più, decidi di leggere altro, di usare il rossetto. Forse, semplicemente, decidi di crescere, almeno un po'. Ma fuori può far freddo. Può fare molto freddo. Fuori da quelle calde e protettive mura domestiche, il cuore potrebbe gelarsi: gelandoti.

Questa storia nasce da un incontro: dal mio incontro con Valentina.

Valentina vive in una città, ma potrebbe anche vivere in un paese, o in quartiere di una qualsiasi metropoli del mondo. Frequenta la scuola, ha amici. Qualche ragazzo la corteggia, lei è imbarazzata. Ora ha altri sogni, altri obiettivi. Vuole diventare un'insegnante, un'infermiera, una modella, una mamma. Valentina è in grado di realizzare i suoi sogni, è in grado di raggiungere i suoi obiettivi. Ha le capacità per farlo. E' consapevole che per riuscire deve studiare e lo fa con impegno. La mamma e il papà la sostengono.

E' determinata Valentina. Il percorso della sua vita sembra quasi tracciato, stabilito. Il futuro è presente nei suoi occhi. Ma a volte la vita cambia direzione ... Ha voglia di vivere Valentina, ma ne ha anche paura. Capisce che è arrivato il giorno delle scelte. Quando a scuola le amiche la invitano ad uscire, le parlano di ragazzi, di feste, è perplessa. Ma alla fine si lascia coinvolgere. E' giovane, vuole divertirsi. Pensa: " non può farmi male. Per un giorno che non studio non mi può succedere nulla di male. Sono brava!"

Esce Valentina. E' la sua prima festa con le amiche. Si ritrova in un mondo che non conosce. Non riconosce neanche le sue amiche. Sono vestite, truccate in modo diverso da come le vede a scuola. Sono quasi più donne. "Io", pensa Valentina, "sembro ancora una bambina." Si chiede se sia adatta a quell'ambiente. Ma rimane lì, seduta. Fra un paio d'ore il papà verrà a riprenderla. "Cosa può succedermi?"

Questo è un volto di Valentina. Ma noi vogliamo esplorare i volti di Valentina. Abbiamo chiamato la protagonista della nostra storia: Valentina.

Ma quando entrerete nella "vita" delle altre storie, leggetele con il nome che voi pensate sia il più opportuno. Potrebbe essere il nome di una vostra amica, di vostra sorella, di vostra madre, di vostra figlia. Potrebbe essere il vostro nome.

Le storie che racconteremo vi permetteranno di immedesimarvi nelle esistenze di chi sta lottando come voi, per voi. Ma anche nelle storie di chi non può lottare più.

Valentina nasce da due genitori che l'hanno desiderata. Nasce dai loro sogni. E' una bimba gioiosa, piena di vita. Gioca, sorride, cammina, piange. Muove i suoi primi passi. Cresce troppo in fretta. Impara a parlare, va all'asilo, a scuola. Ha i suoi amici, i primi approcci con i ragazzi. Si innamora Valentina. Ha la sua prima storia. "Come mi vesto? Cosa gli dico? Come mi devo comportare? Chiamo le mie amiche. Mi diranno loro cosa fare, come comportarmi. Loro sì, hanno più esperienza di me." Prova sentimenti nuovi Valentina. Il suo cuore comincia a balbettare in un alfabeto sconosciuto. E' emozionata! Vive l'amore come se fosse eterno. Come se fosse unico, irripetibile. Ma presto arriveranno le delusioni: inevitabili e dolorose. I suoi amici le consigliano di iscriversi ad una chat. E lei lo fa. All'inizio tutto è misterioso. E' inquietante e affascinante allo stesso tempo …

Valentina non nasce dal desiderio dei suoi genitori. Non la volevano, non è stata disegnata nei loro sogni. Già dalla nascita deve fare i conti con una madre assente. Una madre che la insulta, la lascia sporca, non la alimenta. Le urla addosso. Il papà puzza di alcool. Ma Valentina lo capisce dopo, troppo tardi.

Cresce con il suo carico di dolore ed i suoi crateri nel cuore. Non smette, però, di cercare un po' d'amore. Incontra un uomo più grande di lei: l'uomo delle promesse. L'uomo delle serate, delle uscite, delle cene, dei regali. Ma soprattutto la promessa di una vita tranquilla, la promessa di una casa, di una famiglia. Lei ci crede. Per lei questo è amore.

Lui comincia a cambiare quando sente Valentina sua, soltanto sua. Comincia ad essere aggressivo, geloso, possessivo. Fuori di casa si presenta come un uomo premuroso, cordiale, allegro, con tanti amici. Ma in casa, tra le mura domestiche, con lei, è nervoso, aggressivo. "Qualunque cosa faccio gli dà fastidio", pensa Valentina.

Iniziano le prime reazioni, uno schiaffo. Valentina cade a terra. Le brucia la faccia. E' rossa. Piange. Alle sue lacrime, lui si blocca. Le chiede scusa. Perdonami! Non lo faccio più.

Lei ha bisogno di una famiglia. Crede che famiglia significhi anche questo. Crede che tutte le famiglie siano così, come la sua. E' grande, è cresciuta. Lei non è più una ragazzina. Ormai è autonoma, lavora.

Il giorno dopo, al lavoro, le chiedono cosa sia successo. Lei dice: " Ho sbattuto". Le colleghe le fanno domande. Ma lei non riesce a capire perché fanno così. Per un po' le cose cambiano. Il suo uomo sembra quello che ha conosciuto anni prima. Lei è felice. Valentina è felice.

Il lavoro, la vita sociale vanno bene; fino a quando Valentina non gli dice che vuole uscire con le colleghe per una cena. Lui sembra nervoso, però cede. Quando Vale torna lo trova arrabbiato e nervoso. Non le dice nulla. Diventa sempre più nervoso. Se fa tardi nel rientrare dal lavoro, le controlla il cellulare. Le controlla la borsa, la busta paga, quante volte va dalla madre, le telefona continuamente. Le telefona per un periodo non definito. Lui è sempre più nervoso.

Una sera Valentina si rifiuta di fare l'amore con lui, perché sta male. Lui la insulta. La picchia. Le strappa i vestiti. La violenta. La lascia a terra sanguinante. Poi esce. Lei rimane a terra sanguinante. Lei piange. Cerca di alzarsi. Va in bagno per pulirsi. Guardandosi allo specchio, non si riconosce. Non riconosce il suo viso. Si chiede come si è arrivati a quel punto. "E' tutta colpa mia!", si ripete, specchiandosi. Cerca di rimettersi in ordine, ma le fa male ogni fibra del suo corpo. Cerca di raggiungere il letto. Si mette su e si addormenta.

Il giorno dopo pensa che sia stato un incubo quello che le è capitato. Quindi va in bagno. Ma sul suo viso legge la realtà: le guance rosse, le macchie nere, le ossa che fanno male.

Vale si chiede: " Cosa possa fare per nascondere tutto questo? Devo andare al lavoro, devo fare la spesa. Userò il trucco. Non voglio che mi facciano domande."

Nel momento in cui riconosciamo i segni di quel dolore dell'anima; nel momento in cui smettiamo di prenderci le colpe di qualcosa che non abbiamo, cominciamo a reagire. Perché siamo sempre noi i colpevoli di un comportamento che non ci appartiene. Ci siamo fidate di quella persona che ci ha promesso amore, famiglia, che ci ha corteggiate. Ed ora è un pericolo per noi.

Io, Valentina, sono diventata un fantasma. Mi sono mimetizzata con l'ambiente, per fare in modo che né lui né gli altri mi vedano. Per non prendere più le botte.

Oggi sono uscita di casa con i miei graffi. Ho in mano una valigia e la mia poca forza. Mi dirigo alla polizia.

Nel 1801 il termine "femminicidio" venne usato in Inghilterra per indicare "l'uccisione di una donna".

Nel 1992 è stato utilizzato dalla criminologa Diana Russel nel libro scritto con Jill Radford *Femicide: the politics of women killing*. La Russel identifica nel femminicidio una categoria criminologica vera e propria "una violenza estrema da parte dell'uomo contro la donna perché donna, in cui la violenza è l'esito di pratiche misogene".

Nel 1993 l'antropologa messicana Marcella Lagarde disaminando le radici di tale violenza sostiene che «La forma estrema di violenza di genere contro le donne, è il prodotto della violazione dei suoi diritti umani in ambito pubblico e privato, attraverso varie condotte misogene - maltrattamenti, violenza fisica, psicologica, sessuale, educativa, sul lavoro, economica, patrimoniale, familiare, comunitaria o anche istituzionale - che comportano l'impunità delle condotte poste in essere tanto a livello sociale quanto dallo Stato e che, ponendo la donna in una posizione indifesa e di rischio, possono culminare con l'uccisione o il tentativo di uccisione della donna stessa, o in altre forme di morte violenta di donne e bambine: suicidi, incidenti, morti o sofferenze fisiche e psichiche comunque evitabili, dovute all'insicurezza, al disinteresse delle Istituzioni e alla esclusione dallo sviluppo e dalla democrazia».

Il femminicidio, come forma estrema di violenza sulla donna, è un fenomeno ancora poco indagato. Il termine venne utilizzato dalla studiosa Diana Russell nel 1976 al Tribunale internazionale sui crimini contro le donne. Era già in uso nell'800 significando: l'uccisione di una donna. Venne, inoltre, contemplato nel Low Lexicon del 1848, essendo considerato un crimine perseguibile.

Alla fine degli anni 80 le ricercatrici femministe come Karem Staut effettuano i primi studi su quello che chiamano femminicidio nelle relazioni di intimità: l'uccisione delle donne per mano di uomini ad esse legati da una relazione sentimentale. Il femminicidio, quindi, come la forma più estrema di violenza contro le donne per distruggerle ed al contempo metterle in relazione. In Inghilterra, il termine, venne usato nel 1801 per indicare femicide per indicare l'uccisione di una donna.

Nel 2017 la media è una vittima ogni tre giorni, negli ultimi 10 anni le donne uccise in Italia sono state, 1.740 di cui 1.251 (il 71,9 %) in famiglia.

Secondo i dati dell'agenzia per i diritti fondamentali dell'Unione Europea i paesi in cui la violenza contro le donne (sia fisica, che sessuale) è più comune sono quelli del nord Europa. L'Italia si attesta sotto la metà della classifica ben al di sotto della media europea. Nel nostro paese le donne vittime di violenze fisica, o sessuale dai 15 anni in poi rappresentano il 27% a fronte del 52% in Danimarca, del 47% in Finlandia, del 46% in Svezia, del 45% nei Paesi Bassi e del 44% in Francia e Regno Unito.

In Italia e nel mondo i media ci forniscono notizie allarmanti sugli episodi di violenza sulle donne. Parliamo di atti provocati da gelosia, invidia, odio. E' un fenomeno in aumento che riguarda la nostra società, a prescindere dall'età e dal ceto sociale. Gli autori di tale violenza possono essere fidanzati gelosi o che si sentono respinti, giovani mariti che non accettano di diventare padri, ma anche uomini ormai stanchi della convivenza matrimoniale. La donna viene vista come il nemico per eccellenza. La sua eliminazione rappresenta l'unica soluzione possibile per un universo maschile ormai allo sbando.

Alla perdita di centralità dell'uomo, all'interno della coppia, si sommano stati quali: la posizione economica, l'affermazione professionale, la gestione dei sentimenti e delle relazioni.

Il maschio moderno si sente assediato e superato dal partner di sesso femminile. Sente di dover difendere il proprio status. Vive, quindi, in una competizione esistenziale continua. Tale competizione può essere risolta, solamente, attraverso l'eliminazione del rivale. Per questo, le donne sono strangolate, picchiate fino alla morte, seviziate, sfregiate con l'acido, maltrattate, rese vittime di stalking e di abusi.

Questi fenomeni sono presenti sia nel nostro paese che nel resto del mondo. Si calcola che vengono uccise oltre 100 donne all'anno. Fidanzati ed ex sono gli autori di tali violenze che sono sempre scaturite da un movente passionale.

2016 : 116 vittime
2015 : 128 vittime
2000 : 119 vittime
Periodo 2000 _ 2017: 2800 vittime .

Sono 62 milioni le donne che in Europa hanno subito violenza fisica o sessuale. La Danimarca, la Norvegia e la Germania sono i paesi più violenti contro le donne il 27, 9%, il 26,8% e 22,19% delle donne che denunciano abusi o violenze (12,2 %) .

246 milioni di bambine subiscono violenze sessuali ogni anno in ambito scolastico.

200 milioni di bambine sono state violentate da un parente.

700 milioni di donne sono state obbligate a sposarsi prima dei 15 anni.

Il 35% delle donne hanno subito violenze sessuali o fisiche da partner o da un membro della famiglia.

A Nuova Delhi, in India, il 92% delle donne ha subito violenza in pubblico. La mutilazione genitale femminile colpisce 200 milioni di donne in 30 paesi . Tale pratica è realizzata prima dei 5 anni di età. Quasi 3 miliardi di donne e bambine vivono in paesi in cui lo stupro è all'interno del matrimonio. Quasi 4,5 milioni di donne e bambine sono schiave della prostituzione.

La violenza sulle donne non si manifesta solo con le botte, lo stupro, l'omicidio, ma può prendere anche altre forme. Una di queste è la violenza psicologica: una violenza che demolisce e uccide. Il ricatto economico e la privazione di denaro sono un'altra forma di violenza che ha il solo fine di costringere alla dipendenza.

La matrice della violenza sulle donne può essere tracciata nella disuguaglianza dei rapporti tra uomini e donne. Nella dichiarazione dell'Assemblea generale dell'Onu si parla " della violenza di genere", come di uno " dei meccanismi sociali cruciali per mezzo dei quali le donne sono costrette in una posizione subordinata rispetto agli uomini".

Alla luce degli eventi non si può ridurre la violenza di genere alla corporeità, sarebbe riduttivo. La violenza, purtroppo, si annida nella relazione; nell'idea del possesso degli uomini nei confronti delle donne; nella loro incapacità di gestire abbandoni e sconfitte. Il termine F. fa riferimento alla violenza esercitata sistematicamente sulle donne in nome di una sovrastruttura ideologica di matrice patriarcale allo scopo di perpetuare la subordinazione; nonché di un annientamento dell'identità fisico e psicologico fino alla schiavitù o alla morte. La violenza che non sfocia in un gesto che provochi l'uccisione della vittima può, all'interno del rapporto personale o familiare, essere traumatico e dare l'avvio a disturbi post- traumatici da stress. In letteratura sono state individuate due tipologie di sindromi conseguenti ai maltrattamenti.

° **La sindrome di Stoccolma domestica (DDS)** è una condizione psicologica in cui una persona, vittima di un sequestro o di una condizione di restrizione della propria libertà, può manifestare sentimenti positivi nei confronti del proprio abusante. Nelle **donne Maltrattate,** tale sindrome, si realizza come meccanismo di coping per fronteggiare le **violenze intime.** Le vittime, continuamente concentrate su come sopravvivere in una situazione cronica di fortissimo stress, cercano di controllare il loro ambiente per evitare almeno le violenze più gravi. La loro attività strategica le induce cosi a concentrarsi sulla bontà del loro carnefice al fine di proteggere i figli e i parenti dalla violenza; fino ad arrivare a pensare che la propria sopravvivenza dipenda dall'essere fedele .

° La sindrome della donna maltrattata (BWS), individuata dagli studi di Leonore Walker (Walker 2007), si iscrive all'interno di un " ciclo della violenza " che si articola in una prima fase di accumulo della tensione; una seconda fase di aggressioni e percosse; una terza fase di cosiddetta " luna di miele ". Quest'ultima fase "amorosa"di sollievo, in realtà, amplifica il disagio, creando nella vittima speranze illusorie sul fatto che il partner possa cambiare e la violenza possa cessare. (Walker 2007) La Walker afferma che tale sindrome è comune tra le donne gravemente abusate. Tra gli elementi che rendono estremamente complesso il loro quadro vi sono: il non esaurimento della speranza che il partner cambi; la dipendenza economica dal partner; la convinzione di poter gestire un equilibrio familiare tra un' esplosione di violenza e la successiva; la paura di rimanere sola; la perdita di autostima; uno stato di Depressione o la perdita dell'energia psicologica necessaria a iniziare una nuova vita. (Danna 2007)

La sociologa Daniela Danna, per esempio, utilizza la parola " genocidio ". La studiosa, disaminando le parole genocidio, femminicidio, femmicidio, spiega che tali parole sono state coniate dal femminismo degli anni 70 per indicare non solo gli assassini di donne, ma anche propriamente per indicare quel tipo di violenza che si rivolge contro l'essere donna, contro il femminile. Violenza esercitata a causa del disprezzo sociale e della brama di controllo sui corpi femminili, da parte del sistema di potere maschile, il patriarcato.

La giurista Barbara Spinelli utilizza il termine F. piuttosto che quello più generico e tradizionale di violenza contro le donne. Questo perché, tale utilizzo, non provocherebbe secondo la giurista l'identificazione delle donne come "vittima sacrificale" e incapace di autodeterminazione, come ritengono alcuni filoni di pensiero femminista, ma anzi incentiverebbe la manifestazione pubblica del fenomeno dando un nome ai numerosi crimini subiti dalle donne. Crimini la cui natura misogena non sarebbe altrimenti facilmente rilevabile in prima istanza, spesso perché non perpetuata direttamente da un uomo nei confronti di una donna, ma dalla Società o dalle Istituzioni impregnate di una cultura tradizionale sessista e maschilista. Sarebbe riduttivo individuare nella violenza di genere, la sola violenza sessuale, dato che in realtà, suddette violenze contro le donne in quanto donne, si perpetuano in ogni contesto del quotidiano. Si palesano, infatti, attraverso le violenze domestiche, fisiche, psicologiche, lo stupro, le molestie sul luogo di lavoro; ma anche attraverso una diffusione del mondo psicologico ad opera soprattutto della tensione più commerciale.

Capitolo II

> *Quanta notte c'è intorno a noi! Quante paurose, difficili, tormentose vie percorriamo; scende profonda nel pozzo la nostra anima perduta, povero eterno eroe, eterna odissea! Ma noi andiamo, andiamo, ci chiniamo e passiamo, nuotiamo nel fango rischiando di soffocare, ci arrampichiamo per pareti lisce e malvagie. Piangiamo e ci disperiamo, ci lamentiamo impauriti e urliamo di dolore. Ma continuiamo ad andare, andiamo e soffriamo, andiamo e ci facciamo la strada a morsi.* Herman Hesse
> *Aforismi*

2.1 Aspetti giuridici pro/contro

Tra le prime norme a valenza sociale prodotte dal giovane Regno d'Italia l'attenzione è posta sul lavoro dei fanciulli

(1886), mentre non c'è alcun riferimento alla tutela della donna.

• Solo nel 1902 viene approvata la legge Carcano che disciplina il lavoro femminile. La novità maggiore è costituita dal congedo per maternità dopo il parto, della durata di un mese, riducibile a tre settimane. L'astensione obbligatoria non retribuita fa gravare l'onere economico e sociale sulla donna. La protezione riguarda solo il lavoro industriale; rimane escluso, fino ad epoca relativamente recente, quello agricolo, domiciliare e familiare.

• Legge del 1907: contiene provvedimenti volti a salvaguardare le donne rispetto agli uomini riguardo il lavoro notturno.

• Decreto Legge del 13 maggio 1929: è la prima volta nella storia italiana che viene varato un regio decreto da Vittorio Emanuele III a favore della maternità. Essa prevede 2 precise disposizioni per la tutela delle operaie ed impiegate durante lo stato di gravidanza e di puerpero. In particolare in questi articoli veniva data la possibilità alle lavoratrici di assentarsi dal posto di lavoro l'ultimo mese di gravidanza e il primo mese dopo il parto per la tutela della madre stessa e del proprio figlio.

• Con la legge del 1929 e poi del 1934 viene costituita l'estensione del congedo di maternità. S'impone il divieto di licenziamento della lavoratrice madre e l'assicurazione obbligatoria della maternità. In questo modo il fascismo poté fare vanto di aver assicurato alle lavoratrici madri più tutela di quanta non avesse mai dato lo stato liberale. Il sistema economico riporta un eccesso di protezione che conferì una rigidità alla forza lavoro femminile: i tassi di occupazione femminile calarono anche in quei settori dove la manodopera femminile era sempre stata presente per tradizione (ad esempio nel settore tessile). Intanto il mondo delle lavoratrici dava prova di riuscire, nella successiva occasione della seconda guerra mondiale, a sopportare la produzione bellica sostituendosi agli operai chiamati alle armi.

Nel clima di pre - ripresa economica del secondo dopoguerra, il sistema industriale presenta fabbriche inefficienti e disastrate alle prese con la riconversione industriale. Conseguentemente a tale riconversione industriale la disoccupazione è altissima, le donne per prime sono allontanate dai posti di lavoro occupati durante la guerra. Le donne conquistano il diritto al voto. In questo periodo le perplessità da parte della popolazione maschile sono tante, ma più forti sono le motivazioni politiche che portano a questa normativa.

De Gasperi, Togliatti, Pio XII avvertono l'enorme importanza del voto alle donne e capiscono il mutamento radicale che esso comporta: non solo lo raddoppia (le donne solo il 53% dell'elettorato, 15 milioni di voti), ma ne diventa un elemento chiave.

De Gasperi e Togliatti procedono in stretto contatto nel cammino che porta dalla decisione all'emanazione del

decreto per il voto alle donne fino a prendere insieme l'iniziativa finale. I due grandi partiti di massa mirano a radicarsi nella nuova democrazia mettendo a frutto l'eredità fascista dell'organizzazione del consenso e le capillari reti associative dell'azione cattolica, come del partito comunista. Sia il P.C.I. sia la D.C. devono scontrarsi con l'ostilità e la diffidenza che il voto alle donne suscita, per diversi motivi, nella loro base.

Nel P.C.I. sono subito presenti i timori per il possibile esito elettorale. Alcune giovani comuniste sono contrarie al voto alle donne, nonostante la certezza di trarne grandi vantaggi elettorali, dovuto al timore di incrinare l'unità della famiglia. Attraverso i suoi discorsi, Pio XII chiede alle donne cristiane di ottenere, attraverso la responsabilità del primo voto, la riconquista del primato cattolico in politica. Di fronte agli interventi del Papa non potevano che crescere a sinistra i timori per i risultati elettorali del voto femminile.

• 1 gennaio 1948 entra in vigore la Costituzione: la legge fondamentale del nostro Ordinamento Giuridico. Per redigere la Costituzione era stata eletta un'Assemblea Costituente formata dall'insieme di tutte le componenti politiche rappresentate nel Paese; dall'estrema destra all'estrema sinistra. La Costituzione non contiene precetti e sanzioni ma principi fondamentali per la vita e per le persone. Per evitare che la situazione del passato (fascismo) si ripresentasse, anche in futuro, la

Costituzione ha diviso i tre poteri dello Stato e ha messo al centro l'uomo e il diritto di libertà.

È una legge formata da 139 articoli; è stata votata rispetto alle vecchie leggi dei re; è rigida cioè difficile da modificare.

Si divide in tre parti:

™ i principi fondamentali

™ i diritti e i doveri dei Cittadini

™ L'Ordinamento dello Stato

La Costituzione tutela i diritti inviolabili della donna e dell'uomo, la maternità e sancisce la perfetta parità tra maschio e femmina.

• Art. 3 Tutti i cittadini hanno pari dignità sociale e sono eguali davanti alla legge, senza distinzione di sesso, di razza, di lingua, di religione, di opinioni politiche, di condizioni personali e sociali. E' compito della Repubblica rimuovere gli ostacoli di ordine economico e sociale che, limitando di fatto la libertà e l'uguaglianza dei cittadini, impediscono il pieno sviluppo della persona.

Tutti i cittadini hanno pari dignità sociale e sono eguali davanti alla legge, senza distinzione di sesso, di razza, di lingua, di religione, di opinioni politiche, di condizioni personali e sociali. La persona umana e l'effettiva partecipazione di tutti i lavoratori all'organizzazione politica, economica e sociale del Paese.

Lo Stato non può emanare leggi di carattere discriminatorio e la Repubblica si impegna a far sì che questa uguaglianza venga rispettata e che non si formino limiti a questo principio, altrimenti devono essere rimosse. Con questa legge si impone che tutti i soggetti che si trovano nella stessa situazione vengano giudicati allo stesso modo: si tratta del valore attribuito non solo all'uguaglianza formale ma anche a quella "sostanziale". Comunque, la piena attuazione del testo

Costituzionale avverrà solo successivamente nel 1948 con l'introduzione di nuove leggi che tenderanno ad assottigliare sempre più le ancora presenti differenze tra uomo e donna.

• Art. 29

La Repubblica riconosce i diritti della famiglia come società naturale fondata sul matrimonio. Il matrimonio è ordinato sull'eguaglianza morale e giuridica dei coniugi, con i limiti stabiliti dalla legge a garanzia dell'unità familiare. La famiglia è una società naturale, in quanto l'uomo sente per natura l'esigenza di unirsi con un'altra persona ed è l'unica che viene riconosciuta dallo Stato. Essa è fondata sul matrimonio civile tra due persone di sesso opposto. I due coniugi sono uguali sotto il profilo giuridico. Inoltre, in base alla riforma della famiglia del 1975, essi hanno gli stessi diritti nei confronti l'uno dell'altro e nei confronti dei figli.

• Art. 31

La Repubblica agevola con misure economiche e altre provvidenze la formazione della famiglia e l'adempimento dei compiti relativi, con particolare riguardo alle famiglie numerose. Protegge la maternità, l'infanzia, la famiglia è un'istituzione fondamentale per lo Stato perché in base al suo funzionamento può ridurre degli oneri. Lo Stato protegge la maternità con leggi apposite: la donna può lasciare il posto di lavoro due mesi prima e tre mesi dopo il parto, se allatta il bambino può assentarsi dal lavoro mezz'ora ogni tre ore e ha diritto al part-time per un anno e mezzo dopo il

parto. Tutti questi diritti sono riconosciuti sia alla madre, sia al padre lavoratore. Inoltre per poter favorire la formazione della famiglia lo Stato offre degli aiuti economici come i mutui agevolati sulla 1^ casa e promette aiuti alle famiglie numerose come gli assegni per i bambini appena nati. Un' ulteriore protezione per la maternità, l'infanzia e i giovani creando istituti necessari come le case famiglia sovvenzionate dallo Stato.

• Art. 37

La donna lavoratrice ha gli stessi diritti e, a parità di lavoro, le stesse retribuzioni che spettano al lavoratore. Le condizioni di lavoro, le stesse retribuzioni che spettano al lavoratore. Le condizioni di lavoro devono consentire l'adempimento della sua essenziale funzione familiare e assicurare alla madre e al bambino una speciale adeguata protezione.

La legge stabilisce il limite minimo di età per il lavoro salariato. La Repubblica tutela il lavoro dei minori con speciale norme e garantisce ad essi, a parità di lavoro, il diritto alla parità di retribuzione.

La donna che lavora ha gli stessi diritti e deve subire lo stesso trattamento dell'uomo lavoratore. Inoltre se donna e uomo compiono la stessa attività hanno il diritto di avere la stessa retribuzione. Se la donna diventa madre la legge tutela la sua posizione poiché in questo modo tutela anche il bambino. Inoltre la legge prevede per il lavoro salariato un'età minima per esercitare qualsiasi professione che è quella di 18 anni, tranne per quanto riguarda i minori emancipati.

• Art. 48

Sono elettori tutti i cittadini, uomini e donne, che hanno raggiunto la maggiore età e la gioventù, favorendo gli istituti necessari e sono elettori tutti i cittadini, uomini e donne, che hanno raggiunto la maggiore età. Il voto è personale ed eguale, libero e segreto. Il suo esercizio è dovere civico. La legge stabilisce requisiti e modalità per l'esercizio del diritto di voto dei cittadini residenti all'estero e ne assicura l'effettività. A tal fine è istituita una circoscrizione Estera per l'elezione delle Camere, alla quale sono assegnati seggi nel numero stabilito da norma costituzionale e secondo criteri determinati dalla legge. Il diritto di voto non può essere limitato se non per incapacità civile o per effetto di sentenza penale irrevocabile o nei casi di indegnità morale indicati dalla legge. Tutti i cittadini hanno diritto di votare: uomini e donne che abbiano compiuto 18 anni di età e che non abbiano cause di interdizione.

Il voto è personale, deve essere espresso solo dall'elettore, segreto in quanto nessuno ha diritto di saperlo, e libero. Votare è un dovere civico. L'esercizio del diritto di voto può effettuarsi sia in Italia, sia all'estero (ambasciate). Non possono votare gli incapaci civili, chi è stato condannato ad una condanna definitiva o nei casi di indegnità morale.

• Dal 1950, a seguito dell'entrata in vigore della legge sulla tutela delle lavoratrici madri, che prevede da parte del datore di lavoro il pagamento della lavoratrice non assicurata nel periodo di astensione obbligatoria, diventa pratica corrente inserire nei contratti individuali di lavoro la cosiddetta clausola di nubilato o di procedere al licenziamento immediato della lavoratrice in caso di matrimonio.

• A partire dal 1956 le donne sono ammesse ad accedere alle giurie popolari col limite massimo di 3 su 6 (la norma rimane in vigore fino al 1978) e ai tribunali minorili.

• Solo nel 1963 viene finalmente stabilita la nullità dei licenziamenti a causa di matrimonio, quindi i licenziamenti per questa causa non sono più ammessi.

• 1964 le donne hanno anche la possibilità di diventare magistrati.

• 1969 l'adulterio femminile che fino a questo anno è considerato un reato punibile d'ora in poi non è più considerato tale. Inoltre nello stesso anno viene anche approvata la legge sul divorzio.

• 1971 la Corte Costituzionale non punisce la propaganda di anticoncezionali.

Inoltre viene approvata la legge sulle lavoratrici madri. La legge è estesa anche alle lavoratrici a domicilio, alle addette ai servizi domestici e familiari. Essa prescrive: il divieto di licenziamento in gravidanza; astensione obbligatoria dal lavoro per maternità della durata complessiva di 5 mesi; corrispondenza di un'indennità dell'80% della retribuzione per tutto il periodo di astensione dal lavoro. Prevede ancora di poter allungare il periodo di astensione dal lavoro durante le malattie del bambino di età inferiore ai 3 anni. Da successive indagini risulta che le lavoratrici dipendenti dalla

pubblica amministrazione e della grande industria sono le più tutelate, in quanto nei loro casi la legge è stata applicata integralmente, non sempre ciò è avvenuto in altri casi. Successivamente la legge è stata modificata (2000) estendendola anche ai padri

• 1974 con il Referendum viene mantenuta la legge sul divorzio, che può essere richiesto da entrambi i coniugi.

• 1975: Riforma del diritto di famiglia: d'ora in poi vige l'obbligo reciproco alla fedeltà, l'assistenza morale e materiale. La legge prevede inoltre: comunione di beni con l'abolizione quindi della dote; la patria potestà ad entrambi i genitori; abrogazione della separazione per colpa e la conservazione del proprio cognome. Sempre per tutelare la famiglia vengono istituiti dei consultori famigliari.

• Con la legge 903 del 1977 si passa dalla tutela alla parità, seppure nei fatti a volte solo formale. La ratio della legge risiede nell'aver recuperato un'esigenza di uguaglianza fra i sessi, eguaglianza intesa come divieto di ingiustificata ed arbitraria discriminazione sulla base del sesso e come imposizione di un trattamento uniforme durante tutte le vicende del trattamento del lavoro. Un gruppo di norme della legge 903 tende ad adeguare la disciplina del lavoro femminile al nuovo diritto di famiglia introdotto nel 1975. Il diritto di famiglia riconosce piena parità tra i coniugi, fa riferimento alle loro posizioni di lavoro, in particolare introducendo il riconoscimento della capacità professionale di entrambi ed il dovere per gli stessi di contribuire, in base a tale capacità, al mantenimento della famiglia, all'educazione e al sostentamento della prole. La legge pone sullo stesso piano il ruolo di entrambi i genitori nell'educazione della prole: in base alla norma il padre, in sostituzione della madre lavoratrice, o in caso di esclusivo affidamento dei figli, può godere del diritto di assentarsi dal lavoro con il medesimo trattamento economico previsto per la madre.

• Sempre nel 1977, siccome vi è la parità di trattamento tra donne e uomini in materia di lavoro, per la prima volta una donna, Tina Anselmi, viene nominata ministro.

• Il 22 maggio 1978 viene approvata la norma per la tutela sociale della maternità e per l'interruzione volontaria di gravidanza. Lo stato di gravidanza garantisce il diritto alla procreazione cosciente e responsabile, riconosce il valore sociale della maternità e tutela la vita umana dal suo inizio. L'interruzione volontaria della gravidanza, di cui alla presente legge, non è mezzo per il controllo delle nascite. Lo Stato, le regioni e gli enti locali, nell'ambito delle proprie funzioni e competenze, promuovono e sviluppano i servizi sociosanitari, nonché altre iniziative necessarie per evitare che l'aborto sia usato ai fini della limitazione delle nascite.

• 1979: Nilde Jotti diventa presedente della camera dei deputati.

• 1981 : il Referendum abrogativo della legge sull'aborto non ha successo. Inoltre il motivo d'onore non è più attenuante nell'omicidio del coniuge infedele.

• 1983: la Corte Costituzionale stabilisce la parità tra padri e madri circa congedi dal ....necessarie per evitare che l'aborto sia usato ai fini della limitazione delle nascite.

• 1983: la Corte Costituzionale stabilisce la parità tra padri e madri circa congedi dal lavoro per accudire i figli.

positive": aziende e sindacati devono tutelare la donna nelle fasi di accesso, carriera e retribuzioni

femminili.

• 1989: le donne sono ammesse alla magistratura militare.

• 1992: la legge stabilisce che il 30% dei candidati nelle liste per le elezioni amministrative siano donne.

• 1986: la Commissione Nazionale per la parità uomo e donna elabora il "Programma azioni

• 1996: lo stupro è riconosciuto come delitto contro la persona (e non contro la morale come in precedenza).

• 2001: T.U. sulla maternità (D. Legisl. 151/2001)

Visti gli articoli 77 e 87 della Costituzione;

Ritenuto che il susseguirsi di eventi di gravissima efferatezza in danno alle donne e il conseguente allarme sociale che ne e' derivato rendono necessari interventi urgenti volti a inasprire, per finalità dissuasive, il trattamento punitivo degli autori di tali fatti, introducendo, in determinati casi, misure di prevenzione finalizzate alla anticipata tutela delle donne e di ogni vittima di violenza domestica;

Considerato, altresì, necessario affiancare con urgenza ai predetti interventi misure di carattere preventivo da realizzare mediante la predisposizione di un piano di azione straordinario contro la violenza sessuale e di genere, che contenga azioni strutturate e condivise, in ambito sociale, educativo, formativo e informativo per garantire una maggiore e piena tutela alle vittime;

Ravvisata la necessità di intervenire con ulteriori misure urgenti per alimentare il circuito virtuoso tra sicurezza, legalità e sviluppo a sostegno del tessuto economico-produttivo, nonché per sostenere adeguati livelli di efficienza del comparto sicurezza e difesa;

Ravvisata, altresì, la necessità di introdurre disposizioni urgenti in materia di ordine e sicurezza pubblica a tutela di attività di particolare rilievo strategico, nonché per garantire soggetti deboli, quali anziani e minori, e in particolare questi ultimi per quanto attiene all'accesso agli strumenti informatici e telematici, in modo che ne possano usufruire in condizione di maggiore sicurezza e senza pregiudizio della loro integrità psico-fisica.

Ritenuta la straordinaria necessità e urgenza di apportare ulteriori modifiche e integrazioni alla legge 24 febbraio 1992, n.225, in materia di protezione civile, anche sulla scorta dell'esperienza acquisita nel periodo successivo all'entrata in vigore del decreto-legge 15 maggio 2012, n. 59, convertito, con modificazioni, dalla legge 12 luglio 2012, n. 100, nonché di introdurre disposizioni per la funzionalità del Corpo nazionale dei vigili del fuoco, potenziandone l'operatività;

Ritenuta la straordinaria necessità e urgenza di emanare disposizioni per assicurare legittimazione alle gestioni commissariali delle amministrazioni provinciali interessate dagli effetti della sentenza della Corte costituzionale n. 220 del 3 luglio 2013, che ha dichiarato l'illegittimità costituzionale dell'articolo 23, commi 14, 15, 16, 17, 18, 19 e 20 del decreto-legge 6 dicembre 2011, n. 201, convertito, con modificazioni, dalla legge 22 dicembre, n. 214, e

dell'articolo 17 del decreto-legge 6 luglio 2012, n.95, convertito, con modificazioni, dalla legge 7 agosto 2012, n. 135,nonché per garantire la continuità amministrativa degli organi provinciali ordinari e straordinari, nelle more della riforma organica dei livelli di governo provinciale e metropolitano;

Vista la deliberazione del Consiglio dei Ministri, adottata nella riunione del giorno 8 agosto 2013; su proposta del Presidente del Consiglio dei ministri, del Ministro dell'interno, del Ministro del lavoro e delle politiche sociali con delega alle pari opportunità del Ministro della giustizia, di

concerto con il Ministro dell'economia e delle finanze;

Il seguente decreto-legge:

Art. 1

Norme in materia di maltrattamenti, violenza sessuale e atti persecutori

1. All'articolo 572, secondo comma, del codice penale, dopo la parola: "danno" le parole "di persona minore degli anni quattordici" sono sostituite dalle seguenti: "o in presenza di minore degli anni diciotto".

2. All'articolo 609-ter, primo comma, del codice penale, dopo il numero 5-bis) sono aggiunti i seguenti:

"5-ter) nei confronti di donna in stato di gravidanza;

5-quater) nei confronti di persona della quale il colpevole sia il coniuge, anche separato o divorziato, ovvero colui che alla stessa persona e' o e' stato legato da relazione affettiva, anche senza convivenza.".

3. All'articolo 612-bis del codice penale, sono apportate le seguenti modificazioni:

a) al secondo comma le parole: "legalmente separato o divorziato" sono sostituite dalle seguenti: "anche separato o divorziato" e dopo le parole: "alla persona offesa" sono aggiunte le seguenti: "ovvero se il fatto e' commesso attraverso strumenti informatici o telematici";

b) al quarto comma, dopo il secondo periodo e' aggiunto il seguente: "La querela proposta e' irrevocabile.".

4. All'articolo 8, comma 2, del decreto-legge 23 febbraio 2009, n.11, convertito, con modificazioni, dalla legge 23 aprile 2009, n. 38, le parole: "valuta l'eventuale adozione di provvedimenti" sonosostituite dalle seguenti: "adotta i provvedimenti".

Decreto 15 /10/2013
E' legge il decreto che contiene le misure contro la violenza di genere, grazie alla conversione in
Legge 15 ottobre 2013, n. 119 pubblicata in Gazzetta Ufficiale 15 ottobre 2013, n. 242 Roma, 11 ott -

Il provvedimento   arricchisce il codice di nuove aggravanti e amplia al contempo le
misure a tutela delle vittime di maltrattamenti e violenza domestica. Il testo, inoltre, mette in campo risorse per finanziare un piano d'azione antiviolenza e la rete di case-rifugio, reca norme penali di altro genere che intervengono su reati come la rapina o il furto.
Le principali novità riguardano la relazione affettiva: rilevante sotto il profilo penale e' da ora in poi la

relazione tra due persone a prescindere da convivenza o vincolo matrimoniale (attuale o pregresso). Per quanto riguarda la violenza assistita il codice si arricchisce di una nuova aggravante comune applicabile al maltrattamento in famiglia e a tutti i reati di violenza fisica commessi in danno o in presenza di minorenni o in danno di donne incinte. Quanto all'aggravante per lo stalking commesso dal coniuge, viene meno la condizione che vi sia separazione legale o divorzio.

Aggravanti specifiche, inoltre, sono previste nel caso di violenza sessuale contro donne in gravidanza o commessa dal coniuge (anche separato o divorziato) o da chi sia o sia stato legato da relazione affettiva. Il decreto provvede inoltre la querela a doppio binario. Il nodo della revocabilità/irrevocabilità della querela nel reato di stalking e' sciolto fissando una soglia di rischio: se si e' in presenza di gravi minacce ripetute, ad esempio con armi, la querela diventa

irrevocabile. Resta revocabile invece negli altri casi, ma la remissione può' essere fatta solo in sede processuale davanti all'autorità giudiziaria, e cioè' al fine di garantire (non certo di comprimere) la libera determinazione e consapevolezza della vittima. Quanto all'ammonimento il questore in

presenza di percosse o lesioni (considerati "reati sentinella') può ammonire il responsabile aggiungendo anche la sospensione della patente da parte del prefetto. Si estende cioè alla violenza domestica una misura preventiva già prevista per lo stalking.

Non sono ammesse segnalazioni anonime, ma e' garantita la segretezza delle generalità del segnalante. L'ammonito deve essere informato dal questore sui centri di recupero e servizi sociali disponibili sul territorio. E' previsto l'arresto obbligatorio in caso di flagranza e anche nei reati di maltrattamenti in famiglia e stalking. Al di fuori dell'arresto obbligatorio, la polizia giudiziaria se autorizzata dal pm e se ricorre la flagranza di gravi reati (tra cui lesioni gravi, minaccia aggravata e violenze) può' applicare la misura ' precautelare ' dell'allontanamento d'urgenza dalla casa familiare e del divieto di avvicinamento ai luoghi frequentati dalla persona offesa.

Chi e' allontanato dalla casa familiare potrà essere controllato attraverso il braccialetto elettronico o altri strumenti elettronici. Nel caso di atti persecutori, inoltre, sarà' possibile ricorrere alle intercettazioni telefoniche.

A tutela della persona offesa scatta in sede processuale una serie di obblighi di comunicazione in linea con la direttiva europea sulla protezione delle vittime di reato. La persona offesa, ad esempio, dovrà ' essere informata della facoltà di nomina di un difensore e di tutto ciò che attiene alla applicazione o modifica di misure cautelari o coercitive nei confronti dell'imputato in reati di violenza alla persona.

In analogia a quanto già' accade in attuazione di direttive europee per le vittime di tratta, il permesso di soggiorno potrà essere rilasciato anche alle donne straniere che subiscono violenza, lesioni, percosse, maltrattamenti in ambito domestico. Sarà sempre però necessario un parere dell'autorità' giudiziaria.

I maltrattanti (anche in caso di condanna non definitiva) potranno essere espulsi.

A prescindere dal reddito, le vittime di stalking, maltrattamenti in famiglia e mutilazioni genitali femminili potranno essere ammesse al gratuito patrocinio.

Nella trattazione dei processi viene data priorità assoluta ai reati di maltrattamenti in famiglia, stalking, violenza sessuale, atti sessuali con minori, corruzione di minori e violenza sessuale di gruppo. Si accelerano anche le indagini preliminari, che non potranno mai superare la durata di un anno per i reati di stalking e maltrattamenti in famiglia.

Sul tavolo ci sono 10 milioni di euro per azioni di prevenzione, educazione e formazione. Il Piano, elaborato dal ministro per le Pari opportunità, dovrà' tra l'altro promuovere il recupero dei maltrattanti e sensibilizzare i media ad adottare codici di autoregolamentazione per una informazione che rispetti le donne. Ogni anno sarà presentata una relazione in Parlamento. Finanziamenti in arrivo anche per i centri antiviolenza e le case-rifugio. Nel 2013 10 milioni di euro, 7 nel 2014 e altri 10 all'anno a partire dal 2015.

Sono previste due nuove aggravanti speciali nei casi di cosiddetta minorata difesa, quando cioè la rapina e' in danno di ultrasessantacinquenni o in luogo tale da ostacolare la difesa. Pena aggravata infine (da uno a sei anni) per chi ruba materiale da impianti e infrastrutture destinate all'erogazione di servizi pubblici. E Pena aggravata (da due a sei anni) anche nel caso di frode informatica attraverso il furto o l'indebito utilizzo dell'identità digitale. Commissione Parlamentare di inchiesta sul femminicidio nonché su ogni forma di violenza di genere Roma 27/09/2017.

Secondo i dati del ministero dell'interno sono state 149 le donne vittime di omicidi volontari nel 2016 in Italia. Di questi, quanti sono stati i femminicidi? In Italia e nei paesi della UE non esiste una definizione di femminicidio che non costituisce uno specifico reato, o tipologie codificato di reato a differenza di quanto ancora per (16) paesi dell'America latina. Rappresentando tuttavia un fenomeno di rilevante interesse nel dibattito pubblico, viene misurato a scopo statistico in base alle relazioni tra la vittima dell'omicidio e il suo autore. Tale scelta è stata anche condivisione a livello interessante.

Nel maggio 2017 il gruppo di esperti con l'Istat partecipa di cui si anche l'UNODC (**United Nations Office on Drups and Crime**) ha riconosciuto il femminicidio come un omicidio di una donna compiuto nell'ambito familiare, ovvero dal ex marito,ex partner, un parente.

L'ordinamento giuridico italiano non definisce la "violenza di genere". Sono definite invece le nozioni di violenza domestica, o (violenza intrafamiliare) e di violenza assistita. La nozione di "violenzadi genere'", allora, deve essere presa a prestito dalla scienza criminologica. Per violenza di genere, le scienze criminologiche, intendono una tipologia di violenza, (fisica, sessuale, psicologica, economica), rilevante nella sfera privata come nello spazio pubblico. E' significativa soprattutto nella fattispecie che colpisce esclusivamente, o più frequentemente, le donne, che si atteggia con modalità eterogenee e racchiude al suo interno una serie di reati di diverso tipo, accomunati dal contesto e dal soggetto passivo, cui sono diretti, la cui causa, o una delle sue molte cause, (trattandosi di un fenomeno multifattoriale che non ha una unica causa diretta).

E' radicata nella condizione specifica della donna, e segnatamente nelle relazioni gerarchiche che la circondano, vale a dire nelle discriminazioni sistematiche tra i generi, determinate da fattori di ordine storico, sociale, e culturale che si risolvono in ostacoli al riconoscimento dell'eguaglianza sostanziale tra i sessi e al piano sviluppo della personalità e delle capacità umane della donna (Merli 2015, p23) .

2.2.Storie di femminicidio

Art 1 della Carta dei diritti fondamentali dell' Unione Europea stabilisce che la dignità umana è inviolabile; essa deve essere rispettata e tutelata .

Art. 2 garantisce il diritto alla vita.

Art. 47 assicura il diritto di accesso alla giustizia.

La violenza contro le donne comprende reati che hanno sulle donne un impatto sproporzionato, come la violenza sessuale, lo stupro, la violenza domestica. Si tratta di una violazione dei diritti fondamentali delle donne relativamente a dignità e uguaglianza.

Il triste elenco delle donne uccise in Italia cresce, nonostante la legge; la coscienza collettiva; le Istituzioni. Sono molte le donne che vengono uccise da l'ex marito, ex compagno, ex convivente. Urlano di amarle, ma diventano i loro presunti assassini. Gli autori di femminicidio, nella maggior parte dei casi, hanno una relazione con il loro carnefice. La fascia di età è compresa tra i 31_ 40 anni, seguita da quella tra i 41_50 anni. Le vittime più giovani, a morire per mano dei propri compagni, sono per lo più ragazze tra i 18_ 30 anni. È da evidenziare una crescita del fenomeno del femminicidio a scapito delle donne più anziane tra 71 _80 anni.

Casi di Femminicidio

La storia di un operario di 56 anni che uccide la sua ex moglie. La donna era al lavoro a casa di due donne anziane dove lavorava come badante. La uccide brutalmente. La uccide solo perché libera di prendere decisioni in modo autonomo. La donna era una rumena di 42 anni, con un figlio di 9 anni. Aveva lasciato il suo ex compagno a causa delle vessazioni dell'uomo. Quando il marito si è scagliato contro di lei, si trovava nell'abitazione delle due anziane donne dove lavorava. Dalla prima costruzione dei fatti l'operaio, alle 21.30, sarebbe entrato con violenza a casa delle anziane donne, che sono consuocere, facendone cadere una a terra, senza che riportasse ferite. Si sarebbe poi diretto in cucina per prendere un coltello e avrebbe inseguito e colpito la ex moglie per tutta la casa. Le tracce di sangue erano un po' ovunque. Secondo il resoconto delle due anziane terrorizzate, l'operaio si sarebbe fermato, solo, quando ha visto il corpo ormai a terra della donna. A quel punto, avrebbe gettato via il coltello da cucina e sarebbe scappato dalla finestra. Solo allora le anziane signore hanno chiamato il 118 e i carabinieri. La donna, in gravissime condizioni con ferite al fegato e al polmone destro, è stata trasferita all'ospedale, dove poi morirà alle 6.oo. Le indagine iniziali hanno portato i carabinieri a Montepulciano, grazie alle tracce del cellulare. Appena consegnatosi in caserma l'operaio avrebbe solo detto " di essersi reso conto di aver fatto un disastro", soprattutto pensando al loro figlio di 9 anni. Proprio facendo leva sul bene del bambino, i carabinieri, in seguito ad una lunga trattativa, sono riusciti a convincere l'uomo a costituirsi dopo aver accoltellato la sua ex. Dalla storia emerge che si erano separati da alcuni mesi. L'operaio era conosciuto dai servizi sociali. La frase che utilizza è "ho combinato un disastro".

La storia: Una lite tra due famiglie e la vita e la morte di due adolescenti fragili, pieni di problemi e di

fantasmi. I fantasmi per una ragazza di 16 anni, di Lecce, hanno dato vita ad un incubo, senza fine, nella notte del tre settembre scorso. Il suo fidanzato di 17 anni, in piena notte, la contatta; la passa a prendere in auto; la porta in un posto isolato. Poi la uccide a pietrate, dopo una lite. Porta il suo cadavere sotto un cumulo di pietre di un muretto, a pochi chilometri da Santa Maria di Leuca.

Il ragazzo, dopo 12 giorni dall'omicidio, non riesce a reggere la tensione e confessa. Il fidanzato è stato accusato di omicidio volontario, mentre il padre è stato indagato per concorso in omicidio. In base alle prime indagini, sarebbe stato l'uomo ad aiutare il figlio a nascondere il corpo o quanto meno ad occultare le prove. Il ragazzo era conosciuto come un violento. Era in cura al sert, per uso di droghe leggere. Aveva subito tre trattamenti sanitari obbligatori in un anno. Aveva avuto, inoltre, qualche guaio con la giustizia. Il 17enne ha confessato l'omicidio e indicato dove si trovava il corpo. Il corpo, della giovanissima vittima, viene ritrovato in un pozzo dai carabinieri che rilevano tracce di sangue. I genitori della ragazza sono stati colpiti da malore alla notizia della morte della figlia. Il ragazzo è stato indagato per omicidio volontario ed al padre sono stati notificati avvisi di garanzia. Il fidanzato, più volte ascoltato, dà dichiarazioni contraddittorie. A causa del suo carattere violento, era stato denunciato alla Procura per i minorenni. La madre della ragazza, che temeva per la figlia, aveva chiesto ai magistrati di intervenire a causa del carattere violento del ragazzo. Ne sono nati due procedimenti. Quello di natura civile era volto alla verifica del contesto familiare; nonché a mettere in atto provvedimenti che potessero porre fine al comportamento violento. Il secondo procedimento, quello penale, era per violenza privata. Tali procedimenti non hanno portato a nulla, e hanno creato ancora più astio tra le famiglie. Un testimone ha dichiarato che la ragazza era stata picchiata dal ragazzo, ma in caserma non fecero nulla. Vennero fatti accertamenti sulla macchina del ragazzo, ma non vennero trovate tracce. La certezza della loro presenza in macchina avviene grazie alla testimonianza delle telecamere. In seguito, la macchina verrà sequestrata e saranno avviate delle ricerche. La ragazza verrà trovata

dopo 10 giorni. La sua ultima frase, la sua frase finale è :
" **NON è AMORE SE TI FA MALE, NON è AMORE SE TI CONTROLLA, NON è AMORE SE TI FA PAURA.**"

"Non c'è la faccio più", ha detto ai poliziotti che lo hanno arrestato per aver ucciso la donna con la quale era sposato da oltre 60 anni. Da tempo la signora era malata di Alzheimer. Il marito, un pensionato di 85 anni, alla fine ha deciso che per lui gestire la donna, con cui aveva trascorso la vita, stava diventando insostenibile. Cosi le ha sparato tre colpi, usando un'arma regolarmente detenuta. Poi ha chiamato una delle figlie. " Vieni qua la mamma non sta bene", avrebbe detto. Quando la figlia è arrivata a casa dei genitori, per la donna non c'era più niente da fare . Il marito è stato arrestato con l'accusa di omicidio: omicidio aggravato dalla parentela.

Capitolo III

3.1. Amore / carnefice

"La violenza è una mancanza di vocabolario".
Gilles Vigneault

3.1 Centro di Ascolto Uomini Maltrattanti

Il Cam (Centro di Ascolto Uomini Maltrattanti) è il primo centro in Italia che si occupa, dal 2009, della presa in carico di uomini autori di comportamenti violenti. La storia di questa associazione nasce dal desiderio di condividere un progetto. Un progetto di cambiamento sociale: sulla violenza e sulla disuguaglianza di genere. Il lavoro, con gli uomini e sugli uomini autori di violenza, ha spinto il Cam di Firenze a creare un lavoro di costruzione sociale. L'associazione promuove: percorsi di ricerca, percorsi di sensibilizzazione, percorsi di prevenzione e di formazione. Lo scopo e l'impegno sono perseguiti in modo scientifico, creativo, innovativo, rigoroso; ma con l'impegno alla divulgazione. L'associazione si occupa di corsi di formazione per operatori, opuscoli di auto - aiuto, test sui comportamenti controllanti . Il Cam si costituisce il 17 novembre del 2009 come progetto sperimentale Cevost Innovazione. Progetto promosso dall' associazione Artemisia e con il programma di collaborazione dell'asl 10 di Firenze.

E' un luogo ed un riferimento per quegli uomini che vogliono intraprendere un percorso di cambiamento ed assicurarsi la responsabilità del loro comportamento di maltrattanti: fisico, psicologico, economico, sessuale, di stalking. Il centro offre colloqui di orientamento e la possibilità di partecipare a gruppi per uomini. Questi gruppi sono condotti da operatori: un uomo e una donna che lavorano, insieme ai partecipanti, sui vari aspetti legati al comportamento maltrattante. Lo staff multidisciplinare è composto da psicologi, psicoterapeuti, psichiatri, educatori.

Intervista ad Andrea Bernetti - Psicologo Psicoterapeuta e Presidente del CAM di Roma. Lo Psicologo Andrea Bernetti e Psicoterapeuta con formazione di gruppo analitico, dal 2012 conosce il CAM tramite una collega di Firenze. Si sviluppa l' idea di fare un Cam a Roma con altri psicologi. E' il responsabile del progetto è si occupa dei rapporti con l' istituzione e con la rete. Fa colloqui individuali e di gruppo con gli uomini maltrattanti. Come psicoterapeuta si occupa di terapia di coppia, individuale e di formazione.

Chi sono gli uomini che arrivano da voi?

Gli uomini arrivano spontaneamente, oppure ci contattano telefonicamente. Ognuno di loro ha avuto un maltrattamento nella relazione affettiva, di violenza psicologica, fisica,verbale. Persone che sono state in
carcere, ci chiedono di essere seguite. Ci sono persone di tutti i livelli sociali: dall'imprenditore al professionista, al disoccupato, all' impiegato, all'operaio. Anche culturalmente abbiamo persone con licenza elementare, provenienti da scuole medie, superiori, laureati. Anche l'età varia: dai 20 anni sino ai 70 anni.
Gli elementi in comune di questi uomini : la criticità nelle relazioni affettive. Hanno una difficoltà nella relazione di coppia, nelle relazioni affettive intime. Molti di loro sono padri. L'elemento che ritorna nelle storie, è il loro rapporto con il loro padre di origine e una figura assente fisica, empatica . Il primo contatto può provenire

dalla compagna, dall'avvocato, da loro stessi. In poco tempo fissiamo un appuntamento con un colloquio individuale: per conoscere la loro storia . Lo step successivo, se si sentono pronti, è l'inserimento nel gruppo. Ma molti non si sentono pronti e continuano una terapia individuale. La scelta standard è il gruppo. Ma a volte noi stessi per la loro storia [optiamo per una terapia diversa]. Alcuni di loro, per problemi propri, non riescono ad entrare nel percorso del gruppo. Altri interrompono il percorso.

Qual è elemento scatenate nella relazione di coppia che porta alla violenza di genere ed eventualmente al femminicidio?

1. L'elemento scatenante è la paura di essere escluso, di non essere più al centro del rapporto. C'è questa fantasia che si può tradurre in gelosia, paura del tradimento. C'è l'idea che la donna non lo mette al centro. Quindi subentra una dinamica in cui si arriva, poi nella coppia, ad una violenza. Sono persone che sono state lasciate nella loro vita.

2. Una modalità coercitiva di chiudere la donna in un rapporto di possesso esclusivo.

3. Ci sono poi situazioni in cui manca la comunicazione. La donna si percepisce come una persona che li perseguita,
insistente, richiedente, con delle regole, con dubbi. Quando queste cose vengono vissute come insistente, l'uomo (nella sua narrazione) ha una forma reattiva di violenza. Sta in una relazione che non riesce a capire. Non riesce a dare un senso a cosa l'altro vuole. La sensazione di avere una relazione meccanica, dove non si

deve chiedere nulla. La relazione non è meccanica. Ma le richieste, le critiche non vengono vissute come un arricchimento, per un qualcosa che non sta funzionando, ma si deve tornare ad una relazione meccanica. Si cerca di lavorare sulle nuove regole, sulle relazioni. Si lavora su nuove relazioni. Si danno più possibilità di scegliere. L'emozione, l'invidia: perché questi uomini sentono che quella donna, persona è portatrice di qualcosa che loro non hanno; di cui hanno un gran bisogno estremo. Questa cosa porta ad altri vissuti. Viene vista non direttamente come invidia. Loro vedono la gelosia, il tradimento, la vendetta, l'essere perseguitati, l'inadeguatezza; fa parte della loro storia .

Perché tanti femminicidi   ?

Non c'è un aumento del femminicidio. C'è un mantenimento del numero del femminicidio. Negli ultimi 20 anni gli omicidi si sono ridotti, aumenta la percentuale. E'aumentato il rapporto di coppia che viene vissuto come il luogo del conflitto, della rabbia, del dolore; non ci sono altri luoghi sociali.

Chiedere aiuto non è mai facile. Esporsi nella propria debolezza, non essere autonomi e perfetti; questo non è un contesto culturale che accetta la debolezza. La donna che chiede aiuto si espone ad un contesto culturale che non l'accoglie, ma la giudica. L'uomo molto più giudicato, perche è lei che lo sta istigando, quindi forse è lei che si deve curare.

Abbiamo perso i contesti sociali dove riconoscere la nostra identità ed esprimere la conflittualità. Contesti lavorativi, sociali, politici dove riconoscerci come individuo; dove convogliare ed esprimere quella quota di violenza che c'è nella quotidianità. Quindi rimane solo il rapporto di coppia.

La relazione è un delirio. Ci sono quote di delirio molto forti. Nel senso che c'è un'**invasione della realtà dei contenuti interni:** le proprie fantasie invadano la realtà. La mia compagna diventa il personaggio del mio mondo interno: della mia fantasia. Io picchio non la mia compagna, ma **una fantasia** che ho dentro; quindi picchio un personaggio che non esiste nel mondo reale. Ma io glielo ho messo addosso a quella persona, per determinati motivi. Quella persona l'ha fatto suo. Io non ho a che fare con la mia compagna. Ma è stata invasa dal non pensato, non elaborato. E ci si arrabbia. E' una relazione delirante. Nel delirio tutto è concesso, quindi posso uccidere. Si trasforma quella fantasia. Il femminicidio è un omicidio. Ma riconosciamo la specificità dell'omicidio in quanto donna. Pamela di Macerata è un esempio di quello che è un femminicidio, in quanto donna. Nel femminicidio ci sono due aspetti :

1. la persona viene uccisa in quanto donna.
2. l'assassino in quanto uomo; perché tu donna hai attentato alla mia identità maschile.

Una volta che c'è stata la discussione, la violenza, c'è il senso di colpa. C'è una caduta depressiva di piacere breve, per i sensi di colpa, paura di aver rotto il giocattolo. Si dice che non c'è una patologia. Io non riconosco una patologia .

[Sono] modelli di funzionamento della mente, una invasione della fantasia della realtà da parte dei contenuti interni.[Si prova] questo profondo senso di indivia; il sentire vuoti; il bisogno di una copertura da una donna; l'odio nei confronti di questa donna portatrice di bene, detentrice della propria vita. La nascita dei figli rompe il loro equilibrio. I figli sono testimoni di questa violenza, oggetto di violenza assistita. La difficoltà sta nell' avere una relazione con i figli. Hanno un rapporto meccanico, un rapporto ancora non pensato: molto pratico ma poco vivo.

Cosa succede quando la coppia si separa?

Non si accetta la separazione, quindi abbiamo lo stalking. Il femminicidio è come un bambino piccolo che non ha più la madre. Quindi la vivono con uno stato depressivo, oppure l' aggressivo. Non si accetta la condizione. La sentono come una situazione subita. Quindi lei va via, perché non c'è la fa più, anche se per lui il rapporto era pessimo. In alcuni casi tutto viene proiettato sul figlio. Quindi questa non accettazione viene vissuta sui figli. Non accettano di non vedere il figlio. Quindi la conflittualità rimane attiva. Se non ci sono figli, invece, le due cose sono soprapposte, confuse. Io la

odio; ma non ne voglio fare a meno . Il lavoro del Cam è quello di lavorare sulla fine del rapporto: di costruire una nuova realtà.

3.2 Intervista alla Dottoressa Matilde D'Errico - giornalista.

Sono nata a Venosa (Potenza) . Dopo la Laurea in Giurisprudenza conseguita presso La Sapienza di Roma con una tesi in Filosofia del Diritto, ho frequentato il Corso di formazione e perfezionamento per sceneggiatori organizzato da Rai Fiction.

Lavoro come autrice televisiva e regista. Ho realizzato numerosi progetti televisivi e molte docu_ fiction; "Amore Criminale " (Rai 3), " Liberanti " (FoxCrime),"

Reparto Trans" (Cult), "Città Criminali" (La7), " Rebbibia" G8 (Rai 3), "Hotel Helvetia" (Rai 3), "Residence Bastoggi" (Rai 3), " Pronto Soccorso H24 ", (Rai 3). Fra gli ultimi lavori per la Rai, oltre ad Amore Criminale, ho realizzato per la Rai 1 con Franco Di MARE e Paola Miletich progetti come " Frontiere " e " Tutto il male del mondo speciale Giulio Regeni" e per Rai 3 dirigo dalla prima edizione " IL Borgo dei Borghi":

Ho scritto tre libri :
- " L'Amore Criminale " . Una riflessione attraverso dieci storie, sul tema della violenza di genere. Seconda Ristampa . Einaudi Editore.
- " La vita come un film". La docu fiction in Italia da "Residence Bastoggi" Zona Editrice.
- "Volontari Internazionali " : settanta storie raccolte in occasione dell'Anno Internazionale dei volontari. Foto di Sebastiano Salgado . Su incarico del Ministero Affari Esteri e dell' Unops, United Office for Projects Service.

Come nasce l'idea di un programma in cui si parla di violenza sulle donne 'Amore Criminale'?

Amore criminale è una trasmissione nata nel 2007, quando ancora non esisteva una legge sullo stalking. Nasce da una mia idea sviluppata con Maurizio Iannelli e Luciano Palmerino. Io e Maurizio attualmente ne siamo autori e registi. Lo scopo era quello di creare una trasmissione sul tema del femminicidio: con un chiaro intento di denuncia sociale. L'idea è arrivata dopo aver letto un articolo che commentava i dati di una ricerca statistica dell'Eures sugli omicidi in famiglia. Il titolo dell'articolo era " La famiglia ammazzata più della mafia"; nel senso che gli omicidi che avvengono in ambiente familiare superano quelli per criminalità organizzata. Il secondo dato importante della ricerca era che per le donne giovani (16 – 44anni), una delle [principali] cause di morte era l'omicidio per mano maschile. Questi dati mi hanno colpito molto. Li ho verificati con le forze dell'ordine e dopo aver ricevuto conferma da loro, ho deciso di scrivere la trasmissione. Volevo mettere al centro le vittime e le famiglie e volevo ricostruire il passaggio dalla storia d'amore alla crisi e poi all'omicidio; ricostruendone tutte le " tappe psicologiche " .

Le donne che si raccontano nel programma chi sono?

Sono persone comuni che spesso si rivolgono direttamente a noi per offrire una testimonianza che sia d'aiuto ad altre donne vittime di violenza. Altre volte sono persone che cercano di richiamare attenzione su una situazione drammatica di violenza che vivono e dalla quale non riescono a uscire.

La violenza in quali ambienti sociali, culturali si presenta e in che modo si sviluppa?

La violenza è presente in tutti gli ambiti sociali e culturali. E' trasversale. Si sviluppa sulla base di uno squilibrio tra uomo e donna . Ha origine sempre da una situazione di esercizio del potere dell'uomo sulla donna.

Quali sono i temi che si nascondono dietro la violenza di genere?

La violenza psicologica, la dipendenza affettiva, la violenza fisica, la sottomissione economica, l'allontanamento dalla famiglia d'origine e dagli amici, il ricatto attraverso figli, la violenza sessuale.

Che cos'è il femminicidio ?

È l'omicidio di una donna in quanto donna.

Quali sono i campanelli di allarme per prevenire il femminicidio?

Il primo e più importante è rappresentato da una serie di fronte [forme] di controllo spesso scambiate per **"attenzioni" o "piccole gelosie".** Ad esempio: informarsi sui rapporti sentimentali passati, utilizzare un account social comune, chiamare più volte al giorno al telefono, mandare messaggi continui. Altri campanelli sono : **forme d'isolamento progressive da amici e parenti, vivere il rapporto in maniera esclusiva: "non abbiamo bisogno di nessun altro siamo io e te",** essere gelosi degli amici, convincere una donna, specie in presenza dei figli, della non necessità di lavorare (favorendo cosi forme di dipendenza economica) ecc...

Perché il fenomeno del femminicidio è cosi esploso?

Negli ultimi anni il fenomeno del femminicidio si è manifestato in maniera continua e ha ricevuto maggiore attenzione da parte dei media. Parlare di questo fenomeno ha contribuito a renderlo più conosciuto. Ha spinto il legislatore a fare delle leggi ad hoc (come la legge sullo stalking); ad adottare strumenti di prevenzione; a far nascere reti di associazioni che difendono e tutelano le donne... di femminicidio. Leggi e maggiore attenzione contribuiscono a far aumentare le denuncie. I numeri del femminicidio _ più che salire _ sarebbe meglio dire che non calano. L'ambito d'interesse relativo all'attività di Amore Criminale è quello dell'omicidio commesso da partner o ex partner,o comunque all'interno dell'ambito di un rapporto:

I dati eures :

Femminicidi: 140 nel 2017 pari al 37,6% degli omicidi.

Tra i 140 casi, 108 pari al 77,1%, sono stati commessi in famiglia, e " 73 per mano di un marito, partner o di un ex marito/ ex partner" (ANSA).

Sempre secondo L'Eures nel 2015 i casi di femminicidio sono stati 142; mentre nel 2016 sono stati 150. La maggior parte sempre per mano di un partner o ex partner. Tra il 2010 e il 2014 i dati eures parlano cosi:

2010 Femminicidio totali 157 Dentro alla famiglia : 110 – Da partner o ex : 68

2011 Femminicidio totali 171 Dentro alla famiglia : 121 _ Da partner o ex: 88

2012 Femminicidio totali 160 Dentro alla famiglia : 108 _ Da partner o ex : 75

2013 Femminicidio totali 179 Dentro alla famiglia : 179 _ Da Partner o ex : 81

2014 femminicidio totali 152 Dentro alla famiglia : 117 _ Da partner o ex : 81

Che cosa si nasconde dietro la rabbia nei confronti delle donne ?

L'incapacità di accettare un rifiuto o un abbandono. La concezione della donna come oggetto da possedere.

Com'è cambiata la figura maschile nel tempo? Oggi abbiamo uomini più fragili, meno preparati al proprio ruolo?

Più che un cambiamento della figura maschile, c'è stata, nel corso del tempo, un' **"emancipazione del ruolo femminile"** nella società. Questo ha portato ad una destrutturazione delle vecchie famiglie, ma anche delle professioni e delle pratiche sessuali. Per converso, non c'è stato un ripensamento del ruolo maschile.

L'uomo riesce sempre meno ad accettare la separazione?

Sì . E' un dato di fatto.

L'ambito giuridico tutela la donna vittima di violenza?

Negli ultimi anni sono stati fatti molti passi avanti con la legge contro lo stalking del 2009 o la legge contro il femminicidio del 2013. Sono leggi pensate in conseguenza all'allarme sociale generato dai fenomeni di stalking e di Femminicidio. Secondo molti esperti, soprattutto magistrati e avvocati (come il Procuratore Maria Monteleone), andrebbero incrementati i meccanismi di " protezione " per le donne che decidono di denunciare e che facendo ciò mettono spesso a rischio la propria incolumità.

Cosa stanno facendo lo Stato, la società per le donne ?

Molto poco.

Secondo lei le denuncie fatte dalle donne vengono prese in considerazione?

Poco. Il problema vero è che una donna che denuncia non è tutelata.

Cosa fanno le associazioni in difesa delle donna?

Tanto. Soprattutto i centri Antiviolenza (i CAV). I CAV sono al momento l'unico posto dove una donna può essere seguita dal punto di vista legale e psicologico.

Che cosa si sente di dire alle donne?

Se subite violenza chiedete aiuto, non vergognatevi, parlatene con qualcuno.

3.3 Disturbi di Personalità

Un disturbo di personalità è un modello costante di esperienza interiore e di comportamento che devia marcatamente dalle aspettative della cultura dell'individuo. E' pervasivo ed influenzabile, stabile nel tempo e determina disagio o menomazione. L'esordio avviene tipicamente nell'adolescenza o nella prima età adulta. Il modello costante di personalità è evidente in un'ampia gamma di situazioni personali e sociali e si manifesta in almeno due delle seguenti aree: cognizione, affettività, funzionamento, interpersonale, o controllo degli impulsi. I tratti di personalità sono modi costanti di percepire, rapportarsi, e pensare all'ambiente e a se stessi, che vengono manifestati in molti contesti differenti. La maggior parte dei soggetti affetti da disturbi di personalità influenzano la relazione tra clinico e paziente presentando difficoltà nel riconoscimento o nel trattamento di una condizione medica generale (per esempio, negazione dei sintomi e della gravità del problema, rifiuto di cooperare con il regime terapeutico). Il disturbo di personalità presenta spesso comorbilità con un altro Disturbo di Personalità e con i Disturbi dell'Umore, d'Ansia e da uso di sostanze. La diagnosi di **Disturbo di Personalità** richiede una valutazione della modalità di funzionamento a lungo termine del soggetto. E' importante distinguere i Disturbi di Personalità dalle caratteristiche che emergono in risposta ad un evento stressante situazionale specifico; da stati mentali più transitori; dalle modificazioni della personalità che possono essere dovute all'uso di sostanze o ad una condizione medica generale.

I disturbi di Personalità del gruppo A : Disturbi Paranoide, Schizoide, schizotipico di Personalità.

Disturbo Paranoide di Personalità : un quadro di sfiducia, e sospettosità che esordisce nella prima età adulta e si manifesta in diversi contesti. Per esempio, l'individuo sospetta di essere sfruttato o danneggiato, dubita ingiustificatamente dell'affidabilità degli altri.

E' riluttante a confidarsi con gli altri. Scorge, in rimproveri benevoli, significati nascosti, minacciosi. Porta costantemente rancore. Percepisce attacchi al proprio ruolo non evidenti agli altri e sospetta in modo ricorrente della fedeltà del coniuge o del partner sessuale. Può sembrare teso, ansioso, insicuro, irritabile, o in collera. Tali individui possono presentarsi come persone molto metodiche. Si aspettano che il medico li danneggi o li inganni.

Disturbo Schizoide di Personalità : distacco dalle relazioni sociali e una gamma ristretta di espressioni emotive. Per esempio il soggetto non desidera, né prova piacere nelle relazioni strette. Sceglie in maniera persistente attività solitarie; dimostra poco o nessun interesse nell'attività sessuale con un'altra persona ; prova piacere in poche o nessuna attività; non ha amici stretti; sembra indifferente alle lodi o alle critiche e mostra freddezza emotiva o distacco.

Disturbo Schizotipico di Personalità : le relazioni sociali ed interpersonali deficitarie (p.es. disagio acuto o ridotta capacità riguardanti le relazioni strette, eccessiva ansia sociale) e distorsioni cognitive o percettive ed eccentricità (p. es. idee di riferimento, credenze strane, o pensiero magico, espressioni percettive insolite, pensiero e linguaggio strani, sospettosità o ideazione paranoide, affettività inappropriata o coartata, comportamento o aspetto strano o eccentrico).

Disturbo di Personalità del gruppo B

Disturbo Antisociale di Personalità : inosservanza e violazione dei diritti degli altri, come manifestato p.es. da ripetute condotte passibili di arresto. Disonesta, impulsività, irritabilità ed aggressività, inosservanza spericolata della sicurezza, costante irresponsabilità e mancanza di rimorso.

Disturbo Borderline di Personalità: instabilità nelle relazioni interpersonali dell'immagine di sé e dell'umore. Una marcata impulsività, come manifestato p. es. da sforzi per evitare un reale o immaginario abbandono: relazioni interpersonali instabili e intense. Alterazioni dell'identità: impulsività potenzialmente dannosa per il soggetto; ricorrente comportamento suicidario ; sentimenti cronici di vuoto ; rabbia immotivata e intensa e ideazione paranoide legata allo stress.

Disturbo Istrionico di Personalità: emotività e ricerca di attenzione eccessive. P.es. il soggetto si sente a disagio quando non è al centro dell'attenzione. È inappropriatamente seduttivo dal punto di vista sessuale. Manifesta un'espressione delle emozioni rapidamente mutevoli e superficiali.

Disturbo Narcisistico di Personalità: grandiosità, necessità di ammirazione e mancanza di empatia . P. es. il soggetto ha fantasie di successo o potere illimitati; crede di essere speciale; richiede eccessiva ammirazione. Ha la sensazione che tutto gli sia dovuto. Sfrutta le relazioni interpersonali; invidia gli altri ed è arrogante.

Disturbo di personalità del gruppo c

Disturbo Evitante di Personalità: inibizione sociale, sentimenti di inadeguatezza e ipersensibilità al giudizio negativo. Come manifestato p. es. dall' evitamento di attività lavorative che implicano un contatto interpersonale. Riluttanza ad entrare in relazione con persone; inibizione nelle relazioni per il timore di essere umiliato; preoccupazione di essere criticato o rifiutato; convinzione di essere inetto o inferiore e riluttanza ad assumere rischi personali.

Disturbo Dipendente di Personalità: eccessiva necessità di essere accuditi che determina un comportamento sottomesso e timore della separazione . Come manifestato p.es. dall'incapacità di prendere le decisioni quotidiane senza richiedere un' eccessiva quantità di consigli agli altri; nonché dal bisogno che altri si assumano le responsabilità per gli aspetti più importanti della vita. Manifestato dalla difficoltà ad esprimere disaccordo; da sforzi eccessivi per ottenere accadimento; dal sentirsi indifesi quando si è soli. Mostrato, inoltre, da insistenti tentativi, quando termina una relazione, di cercarne un'altra e dal timore di essere abbandonato.

Disturbo Ossessivo _ Compulsivo di Personalità: preoccupazione per l'ordine, il perfezionismo ed il controllo mentale ed interpersonale a spese di flessibilità, apertura ed efficienza. Come manifestato p. es. dall'attenzione per i dettagli, le regole, le liste o l'ordine. E altresì da un perfezionamento che interferisce con il completamento dei compiti. Si rileva, inoltre, dall'inflessibilità in tema di moralità o etica; dall'incapacità di gettare via oggetti di nessun valore e che non hanno alcun significato affettivo; dalla riluttanza a delegare compiti; da una mancanza di generosità nello spendere soldi per sé o per gli altri; dalla rigidità e dalla testardaggine.

Capitolo IV

*"La paura è l'emozione
più difficile da gestire. Il dolore si piange,
la rabbia si urla, ma la paura si aggrappa
silenziosamente al cuore."*
Gregory David Roberts

4.1 Identikit della paura

L'ipotesi su cui lavorare :

Il Potere, la Gelosia, la Paura, la Dipendenza economica, l'Isolamento. Donne uccise per troppo amore, mancanza di alloggio, aspetti economici, dinamiche familiari d'origine. Il controllo dell'altro, la perdita di controllo, l'inferiorità (uomo /donna), l'educazione, l'impotenza, la difesa, la sfida. L'elemento scatenante, la personalità influente, il possesso: il perché del gesto. La Femminilità; lo stato sociale; il corpo; "Lei" sfigurata; il litigio prima dell'uccisione.

"E' colpa mia!" Sono queste le parole che utilizzano le donne che vivono una situazione di violenza domestica. Le donne che sono sottoposte alle continue angherie dei loro mariti, ex compagni, fidanzati. Uomini definiti " bravi ragazzi", "bravi mariti", " bravi papà: "uomini che uccidono le donne che dichiarano di amare."

Parlare di violenza sulle donne significa: affermare che non tutti gli uomini sono assassini. Ma alcuni uomini uccidono le donne che hanno amato, con le quali sono in relazione; perché esiste consenso che giustifica la violenza ad ogni gesto. Il Cambiamento deve partire dai Carabinieri, dalla Polizia, che tentano di sottovalutare le denuncie delle donne. E'urgente comprendere la necessità di una mutazione antropologica dell'intera società. E' perentorio sviluppare una maggiore conoscenza delle persone coinvolte: i presidi, la sanità, i medici, i carabinieri, la polizia, gli psicologi, gli avvocati. Bisogna investire nella prevenzione delle vittime. Investire nel e per il loro sostegno psicologico, legale. Dare ossigeno e vita alle azioni istituzionali di prevenzione nell'ambito educativo e dell'informazione; a fronte di una devastante scia di morte e di un crescente scempio umano e sociale.

Gli autori della violenza più gravi (violenza fisica, sessuale) sono prevalentemente i partner attuali o gli ex partner: due milioni e 800 mila donne ne sono state vittime .

Il 10,6% delle donne dichiara di aver subito una qualche forma di violenza sessuale prima dei 16 anni.
Il 37,6 %, una donna su tre, è stata vittima di violenza del partner, portando ferite, lividi, contusioni o altre lesioni.
Il 20% è stata ricoverata in ospedale a seguito dalle ferite riportate.

Per le donne è difficile denunciare. E' una scelta: ardua, faticosa, complessa, conflittuale. E'difficile *denunciare* per la vergogna; per la paura di ripercussioni; per la paura di non essere ascoltate; per la paura di non essere credute. Un'altra forte motivazione è la consapevolezza del rischio di un aumento dei maltrattamenti.

La presenza dei figli e la mancanza di dipendenza economica sono un ulteriore e potente fattore deterrente. Il f. è quasi sempre l'epilogo di un' escalation di abusi, di una spirale del male: quasi all'interno del *nucleo familiare*. Una donna innamorata, molto spesso, non vuole riconoscere i *segnali* di un malessere familiare. Quali sono questi segnali? Come si possono e si devono riconoscere? Quando diventa necessario discernere e smettere di colpevolizzarsi? L'uomo che ti sta accanto esprime la sua gelosia, ti controlla la posta, la messaggistica. L'uomo che hai accanto sta iniziando una serie di procedure per distruggere la tua identità, la tua autostima, il tuo ruolo di donna, di madre. Ti sta

isolando dagli amici, dalla famiglia. Ti obbliga a lasciare il lavoro, minaccia di ucciderti, mostra una possessività estrema. Questi sono i segnali di un *uomo violento*. Inizia a mostrarsi violento (anche verbalmente), fuori casa o davanti ai figli. Aumenta l'uso dell' alcool o degli stupefacenti.

In Italia fino al 1963 esisteva " isu corrigendi " che dava al marito il diritto di esercitare forme di violenza fisica e morale sulla moglie (sui figli), al fine di assicurare l'esercizio della potestà . Fino al 1981 rimase in vigore La Legge sul " delitto d'onore ". Secondo questa norma: l'uomo che uccideva la moglie (la sorella, la figlia), per motivi legati al decoro della famiglia, aveva diritto alle attenuanti o alla pena limitata. Si tratta di uomini che nell'infanzia hanno avuto

uno scarso attaccamento alle figure di riferimento. Sono uomini che non elaborano le frustrazioni della perdita. Persone depresse e nevrotiche che, di fronte all'abbandono, non sanno reagire; se non con la disperazione e la violenza.

Tracciando un identikit psicologico delle vittime di femminicidio, si è osservato come la determinazione familiare e culturale della violenza, possa innescare il meccanismo di " propensione alla vittimizzazione " che le vittime presentano. In passato si parlava di vis grata puellis (Betson 2009). In particolare in materia di violenza sessuale, o di "destino anatomico" che impone l'umiliazione alla donna. Nella " passività " della vittima di fronte ad aggressioni, anche ripetute, è spesso citato il concetto di " incapacità appresa" (De Pasquali 2009).

Secondo questa ricostruzione: chi è ripetutamente esposto a una punizione, da cui non ha vie di fuga, sviluppa la tendenza a *non* assumere il controllo del proprio comportamento. Questo anche quando tale controllo sarebbe possibile. Il mantenimento della credenza che ci sia mancanza di alternativa; è uno dei motivi per i quali queste donne non sanno sottrarsi alla violenza (che sfocia spesso in F.). Gli abusanti lo sanno. L'isolamento e la violenza economica sono forme di abuso, abitualmente, praticate. Il comportamento delle vittime di F. è un legame traumatico (Betsos2009). Nella letteratura viene descritto il legame potente e distruttivo che è talvolta osservato tra le donne maltrattate e i loro abusanti o tra i bambini e i loro genitori (Dutton& Painter, 1981). Gli aspetti che determinano il verificarsi di un evento traumatico sono due: il fatto che una delle due persone abbia un ruolo dominante e che il livello di abuso compaia e scompaia cronicamente. Il rapporto è ambivalente. E' un rapporto caratterizzato da periodi di comportamenti affettuosi e periodi di abuso intenso, che può sfociare poi in F. Il ciclo di comportamenti usati, nel legame traumatico, impone forti punizioni alla vittima per i comportamenti irregolari; per poi spostare a gratificare la vittima con rinforzi positivi. Il carnefice manipola la vittima limitandone la libertà di scelta: al fine di avere un controllo totale dell'altro. Il controllo della vittima è gestito con punizioni, intimidazioni, con delle vere e proprie esplosioni di violenza. Il soggetto, inoltre, isola la vittima da altre fonti di sostegno; oltre alle capacità della vittima di ricevere un punto di vista diverso da quello del soggetto. Rafforzando cosi il senso di dipendenza unilaterale (Dutton & Painter 2009).

Gli effetti traumatici di queste relazioni violente possono determinare nelle vittime una compromissione delle proprie capacità, delle proprie risorse personali. Determinando, così, un senso di inadeguatezza e una percezione di dipendenza della persona dominante, controllare.

Nell'uomo abusante, nell'uomo che commette F. alcuni criminologi (Dutton, 1981) sottolineano alcuni fattori come: prepotenza, possessività, panico di fronte alla paura dell'abbandono, considerazione esclusiva dei propri diritti e delle proprie esigenze. Elbow (Elbow 1977). Descrive l'aggressore domestico in 4 punti:

Il controllatore: colui che teme che il proprio dominio e la propria autorità siano messi in discussione e pretende il controllo totale dei suoi familiari.

Il difensore: sceglie donne in condizioni di dipendenza.

In cerca di approvazione dall'esterno : per confermare la propria autostima, mentre le critiche scatenano una reazione aggressiva.

L'incorporatore : tende ad un rapporto totalizzante con la partner e la cui violenza è proporzionale alla minaccia reale o alla sensazione di perdita dell'oggetto d'amore. Perdita vissuta come catastrofica perdita di sé.

Questi soggetti compensano la loro poca autostima, dimostrando i veri e propri sintomi; in cui il rapporto si gioca sul duplice piano della fusionalità e della relazione dominante, dominato.

Io sono una delle tante Valentina. Io sono una donna, una figlia, una fidanzata, una convivente, una madre. Io sono laureata, disoccupata, convivo, sono sposata. Durante la gravidanza il suo comportamento è cambiato in modo bipolare: depresso ed euforico in base alla giornata. Non siamo riusciti a comunicare e a superare i nostri problemi al punto che le mie emozioni non gli interessavano. **Lui doveva essere al centro di tutto.** C'è da considerare che lavorava poco, quindi stava sempre a casa.

Alla fine siamo arrivati alle urla, a buttare gli oggetti per casa, agli insulti, alle minacce. Alla fine siamo arrivati a chiamare i carabinieri. La mia anima è stata ferita con le parole, poi con le urla, i gesti. Ma soprattutto il mio dolore per mia figlia, cosi piccola, che ha dovuto subire tutto questo insieme a me. Finché non è nata e tutt' ora assiste alle discussioni violente del padre. Un padre al quale è stato più volte detto di non urlare. Ma non l' ha mai capito. Continua a sottovalutare i danni che fa alla figlia, le sue emozioni, i suoi ricordi.

Come afferma il Dottore Psicologo del Cam di Roma Andrea Bernetti questi uomini reagiscono "**quando la donna non lo mette più al centro**". Si sentono minacciati da quello che non riescono a controllare. Ci possono essere diversi fattori scatenanti. Vivono il cambiamento all'interno della relazione come **frustrazione.** Reagiscono con rabbia: picchiando o uccidendo la donna. Ma come dice anche la giornalista Matilde D'Errico a proposito **della violenza psicologica,** che gli uomini fanno alle proprie compagne, mogli, ex, esiste quella invisibile, sottile. Un tipo di violenza che lascia segni invisibili; ma visibili agli occhi degli esperti.

Devono essere tempestivi i soccorsi. I segnali che ci arrivano devo essere, *per noi donne*, chiari :

Che cosa spinge questa persona a fare un gesto del genere? Quali immagini sono apparse nella sua mente per uccidere l'oggetto del suo amore malato ?

Le ipotesi partono da alcuni indizi che per ogni storia sono diversi. Ma l'obiettivo finale è quello di ucciderci. Partiamo da quando siamo in crisi; oppure ci siamo lasciati; da quando lui ha cambiato comportamento; dagli sms continui. Ci chiede di vederci, ci manda email, ci telefona. Se siamo gentili, per tenerlo buono, lui ne approfitta. Quando poi diciamo no: lui diventa aggressivo, volgare. Ci ricatta. Mi sento in colpa, per come mi sono comportata. Ma ho paura di lui.

La paura, il ricatto, se ci sono i figli, sono il punto debole delle donne. L'ultimo appuntamento: l'errore fatale che appaga, placa il nostro senso di crocerossine. La possibilità che lui cambi. Queste sono le frasi, gli eventi che ci portano a sbagliare; a cadere nella rete del nostro stalker . La nostra vita cambia: diventa un inferno. Telefonate, email, i
carabinieri sotto casa, le denuncie. Questo è ormai il suo rituale. Per noi è un' angoscia continua. Siamo al lavoro, ma pensiamo a cosa stia succedendo ai nostri figli; se sono al sicuro. Le angosce, quindi, ci fanno sbagliare. Non siamo lucide nell'agire. Ma dobbiamo esserlo. I carabinieri non ti credono. "Signora, ci vogliono prove! E' il padre. Non sia conflittuale." Ma non pensano che il conflitto, la rabbia siano partite dal padre e non dalla madre. Casi di padri che denunciano le loro ex compagne, le quali si devono giustificare per qualunque cosa. Mentre loro, i padri, possono portare i

figli in vacanza, senza dire dove stanno. La madre, invece, si deve costantemente giustificare. Deve scrivere passo dopo passo dove porta la figlia. Questa è la realtà vissuta.

Il cambiamento in negativo del suo carattere mi dovrebbe preoccupare. Sono preoccupata! Che cosa posso fare? A chi mi devo rivolgere? Mi vergogno. Lui ha già un *potere* su di me. Ha plagiato la mia mente. Vado dai carabinieri. Gli racconto la mia storia. Poi mi rivolgo ad un avvocato, un terapeuta, un'associazione. Chi mi aiuta quando lui diventa violento, mi urla, mi insulta? Chi mi aiuta quando, lui, **mi fa sentire colpevole? Colpevole, poi, di cosa**? Di non amarlo più; di non poter vivere nella violenza? Voglio essere *libera!*
Ma lui mi controlla. Conosce i miei spostamenti. Sa con chi mi incontro. Se parlo con un collega di lavoro: mi segue, mi scrive, mi rende la giornata un inferno. **Mi vuole controllare,** perché non stiamo più insieme. Lui è cambiato. Lui è più aggressivo, possessivo. Poi mi urla, mi urla. Sono terrorizzata. Non posso più vivere così. Controlla cosa faccio tramite i social, controlla le mie email. Controlla chi chiamo; perché sorrido; come sono vestita; perché esco.
La differenza anche di indipendenza, di vita sociale, di vita familiare d'origine lo destabilizza. Non tollera che io guadagno più soldi di lui, che ho successo, che ho amici. Lui non riesce a controllare la mia vita. Io gli sfuggo.

Capitolo V

5.1 L'atto finale

> *"L'inferno dei viventi non è qualcosa che sarà; se ce n'è uno, è quello che è già qui, l'inferno che abitiamo tutti i giorni, che formiamo stando insieme. Due modi ci sono per non soffrirne.*
> *Il primo riesce facile a molti: accettare l'inferno e diventarne parte fino al punto di non vederlo più. Il secondo è rischioso ed esige attenzione e apprendimento continui: cercare e saper riconoscere chi e cosa, in mezzo all'inferno, non è inferno, e farlo durare, e dargli spazio."*
> *Italo Calvino* Le città invisibili

Il viaggio che ho fatto doveva essere un lavoro di equipe, ma alla fine sono rimasta da sola. Credo che il Femminicidio sia un argomento di studio; un argomento di vita che può interessare oppure no. E' un viaggio doloroso, perché coinvolge le donne ed anche alcuni uomini non solo Italiani ma in tutto il mondo. Coinvolge i nostri sentimenti, le nostre paure più profonde. Negli ultimi 10 anni la situazione della donna sta diventando veramente difficile. Le donne si ritrovano all'interno di una relazione sentimentale dove il tuo principe, colui che avrebbe dovuto corteggiarti, proteggerti, farti ridere, crescere, progettare insieme, si è trasformato in altro. Un uomo che bisogna in qualche modo aiutare. E' fragile, frustrato, confuso, non maturato nel suo percorso di vita. Chi è l'uomo di oggi? Quante Valentine ci hanno abbandonato? Valentine uccise da un marito, da un ex fidanzato. Uccise da uomini che dicevano di amarle, di amarci. La realtà dentro le proprie mura domestiche nasconde dei dolori, delle maschere, delle bugie che portano, pian piano, ad una violenza latente. Una violenza pronta ad esplodere in determinati uomini. Per loro sono rituali frasi come **" E' colpa tua! Sei tu che mi fai fare cose che non avrei mai fatto, sei tu la pazza."** Una violenza, questa, che man mano diventa più feroce. Quanta rabbia in questi corpi! Quando poi la mente elabora le informazioni che ci circondano e noi le trasformiamo; il nostro vissuto di figli di uomini ci porta ad usare quel modello di comportamento che abbiamo vissuto sulla nostra pelle. Violenza porta violenza? E' un *viaggio* doloroso. Un viaggio doloroso in cui, col tempo, anche la Società, le Istituzioni ti lasciano da sola. E' un percorso in cui alcuni professionisti non sanno come muoversi; cosa fare. Le denuncie, se non coinvolgono il penale (quindi prove), se non ci sono registrazioni, restano immobili. I carabinieri possono fare un sopralluogo, un verbale. Ma resta tutto lì: fermo. Se non vedono il sangue, la Legge non si muove. Puoi fare solo delle denuncie, che poi verranno archiviate. Non indagano, perché vengono considerate **liti all'interno di un conflitto di separazione.** Ma io mi sono fatta una mia ipotesi sul femminicidio, disaminando il comportamento dell' uomo violento.

L' ipotesi che voglio proporre consta nell'idea che ci troviamo di fronte ad un **cambiamento di costume. Un cambiamento** che investe i rapporti umani ma soprattutto le **relazioni sentimentali.** Percepisco un egoismo e una paura della felicità . La persona che ci troviamo di fronte è l'egoista, **incapace di amare** persino se stesso. Colui che, propriamente, non può estendere l'amore all'altro. Non può concepire il percorso spirituale verso l'amore. La felicità esprime quei sentimenti e serve l'uomo che tenda ad **andare verso l'altro,** verso il bene della società e dell'umanità. La felicità implica il superamento dell'egoismo. In realtà, se l'istinto di autoaffermazione sperimenta se stesso nella vita sotto l'influenza del principio dell'amore, è possibile il superamento della volontà di potenza. Il fine è, di fatto, votarsi al bene collettivo: conseguendo il proprio bene come riflesso del bene comune. Questo secondo la formula " la massima felicità possibile al maggiore numero di persone" : arrivare al bene comune come fonte del bene individuale.

Qualora, invece, l'istinto di autoaffermazione fermenti sotto la spinta del principio del terrore_ violenza, viene distorto in volontà di potenza e di sopraffazione, al servizio della Peste Emozionale, di cui l'egoismo è il sintomo prevalente.

E', nella fattispecie, quello che succede ad una coppia nel momento in cui si smette di comunicare. Nella violenza domestica, l'abbiamo ravvisato, manca la parola. La comunicazione si realizza raramente e solo mediante il codice verbale. La comunicazione è disgiunta dalla contemporanea comunicazione: emotiva, gestuale o mimica che dà voce all'inconscio.

L'emancipazione della donna; la sua indipendenza economica; la crisi d'identità del maschio; la maggiore libertà sessuale; la fine della sacralità di molti principi etici, non sono i principali elementi che creano il danneggiamento nella coppia. Egemonica è l'immaturità psico - affettiva: un modo d'amare egocentrico, narcisistico, in cui prevalgono gli interessi personali.

È questo che la manda in crisi. Nella vita di coppia è molto importante la *comunicazione non verbale*. Lo sono: lo sguardo, il tono della voce, la mimica del viso, i gesti delle mani, la postura. Sono segnali preziosi, per chi deve decodificarli. Quando viene chiesto di iniziare un percorso terapeutico, la risposta che ci verrà data sarà: "La pazza sei tu". Quindi non ci verrà in terapia. Fingerà. Dirà di sì. Anche quelle si amano, litigano, sono in contraddizione, si ignorano, non si guardano. C'è una tensione nel rapporto di coppia. Con la terapia di coppia i coniugi prendono coscienza dell'aggressività accumulata, vicendevolmente, e comprendono che i loro inconsapevoli bisogni primari hanno giocato un ruolo determinante nella scelta dell'oggetto d'amore. Ci siamo mai chiesti quali sono i nostri diritti?

Il diritto di esistere di ogni neonato, di essere al mondo come individuo. Il diritto che inizia dalla nascita e che si deve stabilire nei primi mesi di vita: in fase pre - edipica. Se disatteso, tale diritto, predispone al problema ed all' egemone
carattere schizofrenico.

Il diritto di aver bisogno e di ricevere cure che è prevalente nella fase pre - edipica di transizione tra dipendenza assoluta e dipendenza relativa. Se disatteso, predispone al problema e al carattere orale.

Il diritto di Non essere sottomesso ai bisogni degli altri, di essere sostenuto, di trovare appoggio, di aver
bisogno di aiuto. Questo diritto è prevalente in fase edipica. Se disatteso, predispone al problema e al carattere psicopatico.

Il diritto di Essere libero ed indipendente che si stabilisce attraverso l'assertività e l'opposizione ai genitori . L'affermazione di questo diritto comincia generalmente verso i 18 mesi: quando il bambino impara a dire no. Coincide con l'educazione al vasino. Se disatteso, predispone al problema e al carattere masochista.

Il diritto di volere ed andare verso la soddisfazione di ciò che si vuole in maniera aperta e diretta, ma anche il diritto di amare e di avere una vita sessuale. Questo inizia a stabilizzarsi tra i tre ed i 6 anni, in piena fase edipica. Ha una grande componente erotica, è fortemente correlato ai primi sentimenti sessuali. Se disatteso, è la causa predisponente del problema e del carattere rigido.

Sono gli elementi di cui Alexander Lowen, in bioenergetica, ci parla dei diritti di espressione. Diritti che costituirebbero altrettanti pilastri su cui si organizzerebbe la libido nel suo processo evolutivo, che si svolge sotto la spinta delle pulsioni espressive dell'Emerging self.

"Il corpo di una persona ", dice Lowen, riflette la modalità di come si è trattenuto; di come ha dovuto resistere all'emergenza naturale dei diritti di espressione; di come ha dovuto bloccare gli impulsi originali per non sentire la negazione dell'ambiente e la paura di affermare i diritti di base. Analizzare l'espressione del corpo equivale a leggere nel corpo la storia delle vicende che lo hanno limitato e bloccato. Negli attuali atteggiamenti trattenuti e limitanti la piena e libera motilità di comportamento ha prevalentemente strutturato. Questo determina in quale direzione è necessario indirizzare la terapia.

Il dolore non è un nemico da evitare ma un prezioso alleato, che ci permette di lavorare sulle paure dolorose, insiste nelle illusioni di rilassamento.

Mi guardo allo specchio. Non riconosco il mio volto. Mi sento brutta. Gli occhi non nascondono il mio dolore, le mie paure, la battaglia che devo portare avanti. Solo la notte riesco a trovare un po'di pace. Quando abbraccio mia figlia /o. Le chiedo perdono, quando dorme. Perdono, per questa infanzia sbagliata che le sto facendo vivere. Cerco di proteggerla: ma nessuno riesce ad ascoltare il mio dolore. La mia lotta non viene riconosciuta. Le mie forze mi stanno lasciando. I miei risparmi sono finiti. Ma io, sto ancora lottando … L'uomo che ho accanto mi fa paura. Si è tolto la maschera. Ora appare per quello che è. Io devo correre. Devo correre per non cadere nella sua trappola. Lui è forte. Lui usa le parole. Le sue Parole sono macigni. Io non posso più pensare con la

sua testa. Devo usare la legge a mio favore. Devo combattere! Non avere più paura, non è facile. La terapia, comunque, mi sta aiutando. E' forte la mia voglia di uscire fuori: fuori da questo incubo. Devo farcela! Lo devo a me stessa. Lo devo a mia figlia/o.

Care donne / uomini, io mi arrendo. Le mie forze mi stanno abbandonando. Non mi puoi più uccidere. Perché già lo hai fatto. Mi hai tolto la vita. Le tue mani me le hai strette al collo. Mi hai colpito con la pistola. Mi hai trafitta con un coltello. Invece di abbracciarmi, amarmi, ballare con me. Era quello che Valentina voleva, che vogliamo ….

Youcanprint
Finito di stampare nel mese di aprile 2019